KB275721

한러대화 문화예술 총서 5

# 러시아 인문 가이드

김 혁 · 남혜현 · 이기주
이명현 · 이형숙 · 최진희

1945
문예림

**저자**

• **김 혁** – 고려대학교 문학박사, 노어학 전공
– 고려대학교 러시아CIS연구소 연구교수

• **남혜현** – 상트페테르부르크국립대학교 문학박사, 노어학 전공
– 연세대학교 강사

• **이기주** – 상트페테르부르크국립대학교 문학박사, 노문학 전공
– 안양대학교 조교수

• **이명현** – 모스크바국립대학교 문학박사, 노문학 전공
– 안양대학교 인문과학연구소 연구교수

• **이형숙** – 모스크바국립대학교 문학박사, 노문학 전공
– 고려대학교 러시아CIS연구소 연구교수

• **최진희** – 모스크바국립대학교 문학박사, 노문학 전공
– 고려대학교 강사

# 러시아 인문 가이드

초판 인쇄 : 2013년 8월 20일
초판 발행 : 2013년 8월 30일

저　자 : 김혁 · 남혜현 · 이기주 · 이명현 · 이형숙 · 최진희
펴낸이 : 서 덕 일
펴낸곳 : 도서출판 **문예림**
등　록 : 1962. 7. 12　제2-110호

주소 : 서울특별시 광진구 군자동 1-13 문예하우스 101호
전화 : (02)499-1281~2
팩스 : (02)499-1283
http://www.bookmoon.co.kr
E-mail : book1281@hanmail.net

ISBN 978-89-7482-750-2(13790)

＊잘못된 책이나 파본은 교환해 드립니다.

# 서문

　러시아는 1884년에 조선과 통상수교를 맺은 이래 우리나라의 근현대사에 깊숙이 연관된 나라이며, 중국과 더불어 영토상으로 한반도와 이웃해 있는 유일한 나라입니다. 아관파천, 한국전쟁 등등 굵직한 사건들만 보더라도 한국사에서 러시아가 차지하는 비중은 짐작할 수 있습니다.

　정치사적인 측면뿐만 아니라 문화사적인 측면에서도 러시아가 우리나라 문화에 끼친 영향은 상당합니다. 개화기부터 해방 국면에 이르기까지 한국의 문인과 지식인들은 러시아의 대문호들의 글을 읽으며 근대적 삶과 예술의 지표를 강구해 왔습니다. 그리고 지난 1990년 한－러 수교가 재개되면서 러시아의 문학과 예술은 한국인의 교양과 미적 감각을 살찌우는 주된 자양분이 되어왔습니다.

　그러나 러시아는 우리에게 여전히 먼 나라입니다. 한국인들의 의식 속에 러시아문화에 대한 지식은 도스토옙스키, 톨스토이, 보드카, 붉은 광장, 볼쇼이 극장 등등 몇 개의 키워드에만 집중되어 있습니다. 게다가 '소련'이라는 말이 표상하는 편견과 고정관념이 러시아에 대한 우리의 인상을 여전히 틀 지우고 있습니다.

　러시아는 유럽과 아시아에 걸쳐 있는 광대한 영토를 지닌 나라이면서 유럽도 아시아도 아닌 자신만의 고유한 문화를 발전시켜 왔습니다. 또한 수많은 민족들이 그 땅에서 각기 제 문화를 간직하고 살아가면서도 단일한 러시아적 정체성을 끊임없이 탐색하고 추구하는 나라입니다. 오늘날 러시아에는 급격하게 발전하는 자본주의 속에 사회주의적 흔적들이 산재하고 있으며, 강력한 리더십과 나란히 열렬한 저항의식과 자유의지가 살아 숨 쉬고 있습니다. 이러한 러시아의 다면적인 성격은 정치, 경제, 사회학적 접근만으로는 다 파악 수 없는 어떠한 오묘함을 드러냅니다. 그것의 이해는 인문학적인 세심함과 유연한 시선을 요구합니다. 이 책의 제목이 '러시아 인문 가이드'인 것은 바로 이와 같은 문제의식에 근거합니다.

이 책의 필자들은 다년간의 러시아 인문학 연구와 강의, 러시아 현지 생활, 한-러 간 문화교류의 실무적 경험을 바탕으로 러시아 사회와 문화를 다양한 사례를 통해서 친근한 필치로 소개하고자 노력하였습니다. 〈민족적 기질과 사상〉(이명현), 〈일상생활〉(남혜현), 〈축제와 여가문화〉(이형숙), 〈예술문화〉(최진희), 〈대중문화〉(이기주), 〈러시아 개관〉(김혁), 총 6개의 분야로 구성되어 있는 이 책은 독자여러분을 러시아라는 흥미진진한 세계로 이끄는 믿음직한 길 안내자가 되리라고 기대합니다.

마지막으로 본 저서는 한-러 수교 20주년을 기하여 2010년 출범한 정치, 경제, 문화, 언론, 과학, 차세대 분야를 아우르는 민간 주도의 대화 채널인 〈한러대화〉의 〈문화와 예술분과〉의 지원을 받아 고려대학교 러시아CIS연구소의 주관 하에 집필되었음을 밝힙니다. 이 책이 출판되기까지 지원을 아끼지 않으신 고려대학교 관계자 여러분들께 깊은 감사의 마음을 전합니다. 아울러 이 책의 출판을 허락해주신 문예림 출판사에도 감사드립니다.

2013년 봄, 필자 일동

# 목 차


1장. 민족적 기질과 사상

1-1.　모순 속에서 조화를 꿈꾸는 사람들 | 10

1-2.　성스러운 루시 | 16

1-3.　모 아니면 도: 최대주의와 극단주의 | 22

1-4.　러시아인의 최대의 관심사는 러시아 | 28

1-5.　러시아의 고유성을 찾아서 :
슬라브주의 | 35

1-6.　러시아를 넘어, 유럽을 넘어 :
서구주의 | 42

1-7.　러시아민족주의? 러시아중심주의? | 49

1-8.　메시아사상과 선민의식 | 56


2장. 일상생활

2-1.　나의 가정은 나의 성(城) | 63

2-2.　결혼과 가정 | 68

2-3.　러시아 아파트는 다 똑같이 생겼다? | 74

2-4.　식탁위의 다문화 | 80

2-5.  러시아인들의 하루 세끼 | 85

2-6.  요람에서 무덤까지 국가가 책임지던 시절
      은 갔다 | 91

2-7.  교육열 | 96

2-8.  러시아어, 정말 어려울까요? | 102

2-9.  러시아어의 과거, 현재, 그리고 미래 | 106

2-10. 커뮤니케이션 에티켓 | 111


3장. 축제와 여가문화

3-1.  기념일 | 117

3-2.  봄의 축일 – 마슬렌니차 | 125

3-3.  한여름 밤의 꿈 – 백야축제 | 130

3-4.  별장에서 여름나기
      – 두 번째 집, 다차 | 134

3-5.  일 년 모아 바캉스 | 139

3-6.  "술은 러시아인들의 기쁨이니, 그런 기쁨
      없이는 살 수가 없도다." | 144

3-7.  바냐에서 생긴 일 | 148

3-8.  동네 스키와 세계 축구 | 153

4장. 예술문화

　4-1.　성스러운 미(美) - 이콘 | 159

　4-2.　민중의 도서관 - 루복 | 166

　4-3.　삶을 이끄는 러시아 문학 | 172

　4-4.　그림을 들고 전국을 돌다 | 177

　4-5.　발레 뤼스, 유럽을 정복하다 | 182

　4-6.　차이콥스키와 러시아 음악 | 188

　4-7.　스타니슬랍스키와 메이예르홀드 | 193


5. 대중문화

　5-1.　〈검은 눈동자〉와 로망스 | 199

　5-2.　애수와 풍자와 저항의 노래
　　　　- 음유시인의 창작노래시 | 203

　5-3.　빅토르 최와 러시아 록 | 208

　5-4.　러시아 영화, 그 어쩔 수 없는
　　　　진지함 | 218

　5-5.　온라인 강국을 꿈꾸며 | 223

　5-6.　러시아의 아가사 크리스티 | 228

부록: 러시아 개관

1. 지도 | 233

2. 개관 | 234

3. 정치 | 236

4. 주요 행정구역 | 237

5. 국기 | 238

6. 문장 | 239

7. 역사 | 240

8. 한국과 러시아의 관계사 | 250

9. 러시아 여행가이드 | 255

10. 주요 도시 | 263

11. 사진 출처 | 272

12. 참고문헌 | 277

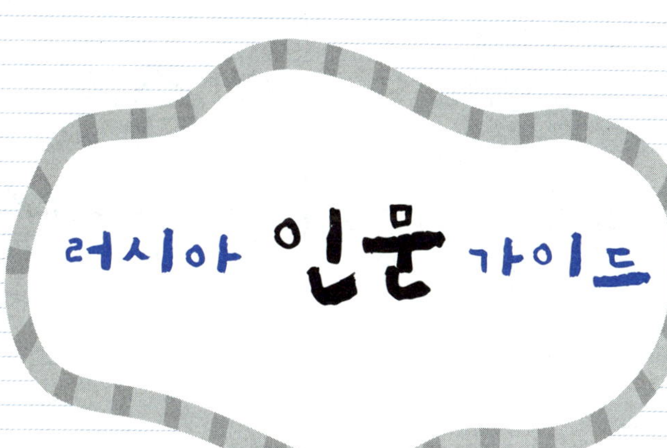

러시아 인문 가이드

# 1장 민족적 기질과 사상

## 1. 모순 속에서 조화를 꿈꾸는 사람들

한 나라의 국민성 혹은 민족성을 논하는 것만큼 애매한 일도 없을 것이다. 대체로 그것은 학술적인 글보다는 에세이나 회상록, 유머러스한 일화 등에서 이야기되곤 하는데, 그 이유는 국민성이라는 게 본래 주관적이고 상대적으로 파악되기 십상이기 때문일 것이다. 그래서 특정 국민의 기질을 이야기하는 건 때로는 오해와 억측, 편견을 불러일으킬 수 있는 다소 '위험한' 일일 수도 있다. 또한 러시아 같은 다민족 국가의 경우 그 구성원들이 모두 납득할 만한 보편적인 기질들을 지적하기란 쉽지 않다.

그럼에도 불구하고 한 나라를 인문학적 관점에서 이야기할 때 그 나라 사람들의 기질과 사상은 필수 항목이 아닐 수 없다. 특히 그것이 해당 국가의 인문학자들이 중요하게 다뤄온 주제였다면, 더더욱 빼놓을 수 없다. 요컨대, 러시아인의 기질과 사상은 바로 러시아인들 자신이 고래로부터 가장 즐겨서 다룬 화두였다. 러시아 전공자들이 아니면 다소 생소하게 들릴 법한 '러시아성(Russianness)'이라는 용어가 있을 정도로 그들은 자신의 정체성에 대한 담론을 부단히 개발하고 탐구해 왔다. 가령, 러시아의 내로라하는 지식인들은 이른바 '러시아의 이념'을 둘러싸고 열띤 논쟁을 벌이면서 무수한 저작들을 남겼다. 그 대표적인 예로 〈러시아의 이념〉이라는 제목의 책을 쓴 베르댜예프를 들 수 있다. 러시아의 위대한 종교철학자 블라디미르 솔로비요프의 경우 그의 수많은 글 절반 가량이 러시아에 관한 것이다. 바실리 젠콥스키의 〈러시아 철학사〉는 현존하는 러시아 철학사 가운데 가장 큰 권위를 누리고 있으며, 정교사상가 니콜라이 로스키의 〈러시아인의 민족성〉이라는 책은 러시아인의 국민성에 관한 고전 중의 고전이다. 뿐만 아니라 톨스토이와 도스토옙스키 역시 러시아 민중의 특성에 관한 수많은 언명을 남겼다. 이 모든 저술들은 러시아인의 정체성, 기질 그리고 사상을 이해하는데 무엇보다도 먼저 참고할 만한 자료들일 것이다.

러시아인들이 자기 자신에 관하여 그만큼 많이 거론했다는 것은 곧 그들의 자의식이 상당히 발달했음을 뜻한다. 도스토옙스키 소설의 가장 큰 특징이 주인공의 거대한 자의식인 것은 순전히 도스토옙스키 개인의 문학적 성과만은 아닐 것이다. 또한 그의 작품에 심심치 않게 나오는 "러시아인들은 정말 이러저러하다"는 식의 언급도 개인적인 견해의 피력이라고만 볼 수는 없다. 한편, 누군가의 자의식이 발달했다는 게 무조건 나쁘다고 할 수만은 없겠지만, 또한 좋다고만 볼 수도 없겠다. 도스토옙스키의 주인공의 예를 다시 들자면, 대부분 자의식이 발달한 그들이 한편으로는 자아의 분열증에 시달리는 것에 주목할 필요가 있다. 자의식이 발달한 민족은 대체로 고유문화의 창조와 보존, 보급을 위해 자발적으로 노력하는 한편, 타민족의 것을 배우고 변용하는데도 열심이기 마련이다. 그러나 자의식이 발달했다 함은 한마디로 타자를 많이 의식한다는 뜻이고, 그러다보면 타자로부터 지나치게 휘둘리거나 상처받고, 타자에 대해 자신을 지나치게 방어하거나 혹은 부정하는 양상을 띨 수도 있다. 러시아인들의 경우도 마찬가지이다. 그들은 예로부터 아시아와 유럽이라는 서로 다른 '타자' 사이에서 끊임없이 상처받고 휘둘려 왔으며, 그 사이에서 자기를 발견하고 지키고자 무던히 애를 써왔다. 그 과정에서 러시아인들은 불가피하게 정체성의 분열과 혼돈을 겪을 수밖에 없었다.

러시아 혹은 러시아 문화에 대한 입문서가 흔히 '동과 서'라는 이원적 요소의 공존에 관한 이야기로 시작되는데, 이는 러시아인의 자의식과 사고방식을 이해하는데 있어서도 가장 먼저 참조해야 할 사항이다. 다른 것은 차치하고, 우선 지형적인 조건이 러시아의 '분열적' 정체성을 상징적으로 예고해준다. 러시아는 유럽과 아시아, 양쪽 대륙 모두에 걸쳐있는 광활한 영토의 나라이며, 따라서 러시아 땅은 유럽만도 아시아만도 아닌 '유라시아 대륙'이라 명명된다. 그런데 공교롭게도 그런 영토의 한복판에 굵직하게 뻗은 우랄산맥이 동에서 서로 걸쳐 있는 유라시아 대륙을 선명하게 가르고 있으니, 이는 러시아의 정체성 균열의 위태로운 징후로 보기에 딱 알맞은 것이다.

1. 러시아 지도. 왼편의 우랄산맥이 러시아 영토를 서부와 동부로 가르고 있다.

그러나 이러한 균열은 러시아 문화의 위험요인이면서 한편으로 무한한 가능성이기도 하다. 러시아인들은 지리적이고 문화적인 분열과 혼종의 조건 속에서 다른 나라와 지역에서는 찾아보기 힘든 독특한 기질과 문화적 포용력을 길러왔으며, 수많은 독창적인 사상을 창안하였다. 그것들은 지극히 현실적이면서도 다른 한편으로 지극히 유토피아적이기도 했다. 그 중에서도 가장 러시아적인 경우를 꼽으라면, 아마도 범세계적 화합과 통일에 대한 꿈일 것이다. 집요한 분열증에 시달린 만큼 러시아인들은 범세계, 더 나아가, 범우주적 차원의 조화와 합일이라는 원대한 꿈을 오래도록 꾸어왔다. 그것 역시 그리스도교 신앙과 유물론이라는 대립적인 양극에서.

러시아인들의 정신세계를 이해하는데 고려해야할 또 하나의 사항은 서구문화와의 오랜 단절이다. 러시아는 13세기 중반부터 15세기 후반까지 약 240년 동안 몽골－타타르의 지배하에 있었다. 서유럽에서 이 시기는 주지하다시피 르네상스가 꽃피고 종교개혁의 열기가 무르익던 시대였다. 역동적이고 찬란했던 르네상스를 경험해보지 못한 러시아인들은 그 기간 동안 서구적 지성과는 사뭇 다른, 독특한 영성의 문화를 일궈나갔으며, 삶의 궁극적 의미에 관한 철학적 문제들의 해답을 주로 정교 신앙 속에서 구하였다. 그러다가 18세기에 와서야 표트르대제의 개혁에 의해 서구식 문물과 제도가 전면적으로 수용됨으로써 비로소 러시아에 서구적인 학문과 사상을 익힌 근대적 지식인들이 배출될 수 있었다. 그러나 한 세기가 흐른 후 니콜라이 1세 시대에는 철학 교육과 해외 유학이 금지되고, 검열 제도가 강화되면서 러시아의 지성과 사상의 발전은 또다시 단절과 장애에 부딪히게 된다. 그리고 소비에트 시대에 러시아는 다시 서구문화와의 구조적인 단절 속에서 독특한 소비에트-러시아의 문화를 창조해 냈다.

오늘날 러시아 사회는 자신의 잃어버린 역사와 문화를 복구하고, 오래 단절되었던 서구의 문화를 그야말로 온몸으로 체득하고 있는 듯하다. 기호학자 유리 로트만이 지적한 바와 같이 어느 공동체가 자신의 단절된 과거를 다시 호출하게 될 때는 이미 역사적 자료와 개념들이 대부분 소실되어있기 마련이며, 그럴 때 사람들은 꾸며낸 신화들로 역사를 대체하곤 한다. 어쩌면 오늘날 러시아가 바로 그런 경우일지도 모르겠다. 그럼에도 불구하고 러시아인들이 가장 소중히 여기는 것은 그 무엇보다도 자신의 과거에 대한 기억이다. 그것은 앞서 지적한 민족적 자의식과도 밀접하게 관련된다. 어찌 보면, 러시아인들의 기질과 사상이란 자신의 전통을 대하는 자세, 그것을 해석하고 이어가는 방식에 다름 아니다. 그러한 점에서 이 책의 1장은 러시아인들의 옛 이야기, 그중에서도 자기 자신에 대한 관념이 많은 비중을 차지하게 될 것이다.

# 2. 성스러운 루시*

　러시아인들 스스로가 자신의 특성으로서 가장 먼저 지적하는 점은 돈독한 신앙심이다. 러시아의 저명한 종교철학자 니콜라이 로스키 역시 그의 저작 〈러시아인의 민족성〉의 첫 장을 다름 아닌 신앙심에 할애하였다. 지극한 신앙심이 러시아인들의 주된 본성임을 설명하면서 저자는 자신의 독자적인 견해를 제시하기 보다는 러시아를 방문한 여러 외국인들의 저작을 자주 인용한다. 그에 따르면, 놀라울 정도로 많은 외국인들이 자신의 저술에서 이구동성으로 러시아인, 특히 농민을 비롯한 민중들의 돈독한 신앙심을 증언하고 있다.

　역사적으로 러시아인들의 신앙심은 그들의 민족적 자의식과 정체성 형성에 가장 강력하게 작용해온 요인이라고 할 수 있다. 소비에트 시대와 포스트소비에트 시대를 거치면서 러시아

---

* '루시'는 러시아의 기원이 되는 고대 공국의 명칭이다. 루시 공국은 9세기에 키예프를 중심으로 형성되었다.

인의 신앙심은 극심한 탄압과 굴곡을 겪어 왔으며, 그리하여 오늘날 젊은이들의 상당수가 성호를 긋는 법도 제대로 모르는 믿을 수 없는 상황이 초래되었다. 그럼에도 불구하고 러시아의 권위 있는 대국민 의식조사 결과에 따르면 러시아인들의 대부분은 스스로가 신앙인임을 자부하고 있는 것이 사실이다.

러시아인들의 주된 신앙은 동방에서 유입된 그리스도교 신앙이다. 1997년 새롭게 제정된 러시아 종교법과 2000년대 들어 정교회 주도로 작성된 종교정책 관련 공식문서에 따르면, 러시아의 전통 종교는 정교, 이슬람교, 불교, 유대교로 제한된다. 이러한 규정은 분명 중앙권력의 독단과 다수의 횡포를 바탕에 깔고 있다. 그럼에도 불구하고 열거된 네 가지 종교가 러시아에서 가장 보편화된 종교임은 부인할 수 없다. 그중에서도 러시아 인구의 대부분을 차지하는 '루스키(russkii)', 즉 인종학적 범주로서의 러시아민족의 대표 종교는 두 말할 것도 없이 러시아 정교이다.

서기 988년 고대 루시의 공후 블라디미르는 솔선수범하여 토착 신앙을 버리고 그리스도교로 개종하고, 전국민에게 세례를 받으라는 포고령을 내림으로써 동방정교를 루시의 종교로 공식화 하였다. 그 이후로 러시아는 수세기 동안 비잔틴 문명과 동방정교의 영향 아래 고유한 문화를 발전시켜 왔다. 러시아의 정교 수용에 있어서 유의해야 할 점은 그것이 타의에 의해 강압적으로 또는 수동적으로 이루어진 것이 아니라 러시아인 자신이 능동적으로 선택한 결과였다는 사실이다. 19세기 러시아 사상가 니콜라이 다닐렙스키가 지적하듯이, 러시아가 그리스도교를 수용한 이유는 문화가 발달한 그리스도교 민족의 정복이나 정치적 압박 혹은 포교 때문이 아니었다. 러시아는 민간신앙에 만족하지 못했으며, 진리를 자유롭게 탐색하는 과정에서 정교를 받아들이게 된 것이다. 러시아인의 심미적이고 신비주의적인 성향과 잘 들어맞았던 동방정교는 러시아 문화의 발전에 독점적이고 막강한 영향력을 발휘하였다. 이른바 계몽의 시대인 18세기에 이르기까지 러시아에는 교회와는 별개의 세속 문화가 존재했다고 보기 어려울 정도였다.

2. 빅토르 바스네초프 〈루시의 세례〉
(1890, 국립 트레티야코프 미술관 소장)

20세기 초 유물론과 사회주의 이념으로 무장한 소비에트 정권이 들어서기 전까지 공식 및 비공식 영역, 지배층과 피지배층 등 사회 전 분야를 모두 아우르며 러시아인의 보편적인 가치체계의 중심을 차지했던 정교 신앙은 소련 해체 이후 과거의 권리와 영향력을 회복하면서 러시아인들의 의식에 몇 가지 변치 않는 경향들을 각인시켜 놓았다. 그중에서도 가장 주목되는 것은 애국적·집단주의적 성향이다. 러시아인들에게 그리스도교 신앙은 개인의 영적 구원에 대한 갈망 뿐 아니라 그들이 속한 공동체, 즉 러시아라는 그들의 모국에 대한 독특한 신념으로 구성된다. 러시아인들에게 초월적인 성스러운 세계에 대한 숭앙은 그들의 나라 러시아의 위대함과 성스러움에 대한 믿음과 직결된다. 러시아 작가 고골의 소설 〈타라스 불바〉에는 "정교를 신봉하는 러시아 땅이 영원히 번영하기를! 러시아에게 영원한 영광을!"이라는 식의 구절이 수없이 반복되는데, 이는 단지 고골 개인의 국가관이 아니라 러시아인에게 보편적인 애국적 신앙심의 표현이라고 할 수 있다. 또한 도스토옙스키의 〈죄와 벌〉에서 주인공 라스콜니코프가 자신의 죄를 자백하러 가기 직전 대지에 입을 맞추는 것 역시, '러시아 땅'의 신성함에 대한 러시아인의 믿음을 반영한다. 그러니까 러시아인들에게 '성스러운 루시'에 대한 신념을 빼놓고서는 신앙을 논하는 것은 거의 불가능다고 할 수 있다.

튜체프, 솔로비요프, 도스토옙스키 등등의 러시아의 위대한 사상가와 문인들이 이른바 '신정론(神政論)'을 진지하게 개진했던 것도 러시아인들에게 고유한 애국적 신앙심의 발로라고 할 수 있을 것이다. 신정 정치는 비잔틴에서 계승된 교의로서 속권과 교권이 그리스도교 신앙의 원리에 의해 조화롭게 통일되는 정치체제를 말한다. 이는 원칙적으로 국가와 법을 비롯한 세속적인 사회제도를 교회에 종속시키고 흡수시키는 방식으로 구현되어야 하는데, 이러한 방식은 뭇사람들이 보기에는 시대를 막론하고 사실상 실현 불가능한 유토피아적 구상이 아닐 수 없다. 유구한 세월동안 러시아인의 신앙심에 내재화된 신정 국가에의 지향은 현실적으로는 교회가 세속의 권력에 종속되고 이용되는 양상으로 귀착되곤 했으며, 국가와 교회의 관계에 있어 언제나 국가가 주도권을 행사하게 되는 교권에 대한 속권의 우위라는 결과를 낳곤 했다. 그런데 이러한 뒤집히고 왜곡된 신정 정치가 예로부터 지금까지 러시아인들에게는 속권과 교권의 완전한 분립보다는 훨씬 나은 것으로 인식되어 온 게 사실이다.

3. 키릴 총대주교의 취임식에 참석한 메드베데프 대통령과 푸틴총리,
   2009년 2월 1일

오늘날 러시아에서 국가 최고통치자가 부활절 혹은 성탄절에 어느 교회, 어느 성당에서 예배를 올리느냐가 전국민의 관심사로 떠오르는 현상은 러시아인들의 신정 정치를 향한 무의식적 갈망을 배경으로 이해될 수 있을 것이다. 즉 정교의식과 관련하여 최고통치자의 행보에 온 국민이 주목하는 현상은 자신들을 지배하는 세속의 권력이 신으로부터 소명 받은 '절대적으로 선한' 권력, 따라서 '절대적으로 정당한' 권력이기를 바라는 러시아인의 소망을 반영한다.

# 3. 모 아니면 도 : 최대주의와 극단주의

러시아인들의 고유한 기질 중에서 둘째가라면 서러워 할 만한 것이 이른바 '최대주의'이다. 최대주의에 해당하는 러시아어는 '최대'를 뜻하는 라틴어 'maximum'을 어원으로 하는 '막시말리즘(maksimalizm)'이다. 막시말리즘은 어떤 대상 혹은 가치를 향해 발현되는 주체의 열정이나 의지와 관련된 용어로서 한 마디로, 무엇을 원하거나 추구할 경우 최대한도로 그렇게 하는 것을 뜻한다. 이는 '최선을 다 한다', '정성을 다 한다' 등등의 성실성이나 노력 차원의 얘기만은 아니다. 러시아인들에게서 흔히 보이는 최대주의는 이성의 통제력을 벗어났다 싶을 만큼의 맹목적이고 극단적이며 저돌적인 양상을 띤다. 우리말에 '모 아니면 도'라는 표현이 있는데, 우리말 중에서는 그나마 이 관용적 표현이 러시아적 최대주의와 상통할 것이라 여겨진다. 요컨대, 전부가 아니면 차라리 무(無)를 택하겠다는 것이요, 애매한 중간 따위는 결코 성에 차지 않는다는 것이다.

'일단 시작하면 볼 장 다 본다.'라는 식의 최대주의는 10세기 무렵 루시 공국을 통치했던 블라디미르 공후의 생애에서 이미 확인된다. 앞 절에서 언급했듯이 블라디미르 공후는 루시에 그리스도교를 최초로 들여온 공후이다. 그런데 러시아의 가장 오래된 문헌인 〈원초연대기〉에 따르면, 그리스도교로 개종하기 전까지 이 루시의 공후는 엄청난 호색한이자 대단한 육욕의 소유자였다. 그는 "색정에 빠져 7명의 아내를 두었고, 첩을 비시고로드에 300명, 벨그라드에 300명, 베레스트보에 200명을 두었다."고 연대기 작가는 쓰고 있다. 또한 블라디미르는 매우 잔혹한 성향을 지닌 공후로서 루시의 토착 신앙이 아닌 외래 종교를 믿는 자들을 가혹하게 박해했다고 한다. 그러던 공후가 988년 비잔틴의 그리스도교를 받아들이고 나서는 "유별난 열의를 가지고" 새로운 신앙생활에 돌입한다. 그는 동슬라브 토착 신(神) 페룬의 우상을 당장 집어던지고, 걸인과 빈자들을 궁으로 불러 먹이고 입히며, 악인을 미워하지 말라는 그리스도의 가르침에 절대적으로 복종하여 루시의 곳곳에 도적떼가 날뛰는 상황마저 벌어지게끔 만든다. 그리하여 잔혹하고 방탕했던 블라디미르 공후는 마침내 사후에 성인의 반열에 오르게 된다. 그리스도교 신자가 되기로 일단 마음먹었으면, 성인의 경지까지 올라야지만 성에 차는 것. 이러한 블라디미르 공후의 생애는 러시아인의 최대주의적 기질의 원형으로 간주될 만하다.

좀 더 후대의 예로 러시아 정교의 분리파 교도, 즉 구교도들의 행적을 들 수 있다. 17세기 후반 당시 러시아 정교는 총대주교 자리에 오른 니콘의 개혁으로 인하여 사상 유례 없는 분규에 휩싸이게 된다. 콘스탄티노플의 초기 전례를 고수해온 러시아 정교회의 의식을 당대의 그리스식으로 하루아침에 바꾸려는 니콘의 개혁은 신앙의 전통과 교회 공동체의 오랜 약속을 목숨처럼 소중히 여기는 신도들로부터 엄청난 반발을 불러일으켰으며, 개혁의 지지파와 반대파로 교회가 분열되는 비상사태를 초래하게 되었다. 이때 개혁에 반대하는 자들을 박해하던 교회를 자발적으로 떠나서 신앙의 전통을 지키려 했던 자들이 바로 '분리파' 신도들, 즉 '구교도'들이다. 수만 명의 구교도들은 오랜 러시아식 전례를 목숨 걸고 지키기 위해 무리를 지어 숲으로 도망쳤으며, 숲에서 비밀 예배를 드리다 못해 집단적으로 모닥불에 뛰어들어 불에 타 죽거나 생매장되는 극단적인 최후를 맞이했다. 구교도들의 영적 지도자 역할을 한 사람 중에 아바쿰이라는 부사제가 있는데, 그의 인생은 그야말로 신앙을 지키기 위한 피비린내 나는 전투 그 자체였다. 그는 "교회의 성부들에 의해서 전해 내려온 것은 모두 성스럽고 결점이 없는 것이다. 우리 전에 되어진 그대로 영원히 내버려 두어라. 러시아인들이 그리스인에게 배워야 하는 것이 아니라, 그리스인이 러시아인에게서 배워야 한다."라고 외치면서 러시아식 전례의 올바름을 추호도 의심하지 않았다. 결국 아바쿰은 니콘에 의해 화형당하고 말았지만, 자신이 믿는 신앙의 진리를 지키기 위한 그의 불굴의 투혼은 러시아적 최대주의를 체현한 피끓는 인간의 형상을 러시아의 정신사에 영원히 아로새겨 놓았다.

한편, 조금 의아스러울지 모르지만, 구교도들이 목숨을 바쳐 지켜내고자 했던 전통 가운데 으뜸가는 것은 교회 안에서 무릎까지 절을 하고, 성호를 그을 때 검지와 중지 두 손가락을 사용하는 등 신도가 아닌 사람들이 보기에는 지극히 단순하기 짝이 없는 것이었다. 신도들이나 사제들과 아무런 상의도 없이 "교회 안에서 절은 무릎이 아니라 허리까지 함이 마땅"하며, "성호는 세 손가락으로 긋도록 해야 할 것"이라고 공표한 니콘의 독단적 전문은 당시 신도들에게 "종말의 도래"라 할 만큼 끔찍한 사태로 받아들여졌다고 한다. 성육신의 신비를 상징하는 '두 손가락 성호 긋기'를 모티프로 한 19세기 러시아 회화의 걸작이 오늘날 트레티야코프 미술관에 소장되어 있는데, 바실리 수리코프의 〈귀족 부인 모로조바〉가 바로 그것이다.

4. 바실리 수리코프 〈귀족부인 모로조바〉
(1884~1887, 국립 트레티야코프 미술관 소장)

　이 그림은 분리파의 극단적이고 맹목적인 신앙심을 예술적으로 구현한 것 가운데 단연 압권이다. 검지와 중지를 모아 곧게 치켜든 채 썰매에 실려 끌려가는 모로조바 부인의 광기어린 표정만으로도 이성으로는 이해도 통제도 불가능한 구교도들의 불가해한 전통수호 의지가 전달되고도 남음이 있다.

　그러나 최대주의가 위에서 든 예와 같이 신앙인들에게만 나타나는 기질은 아니다. 최대주의는 과격한 무신론자들에게서도 두드러진다. 이와 관련하여 〈죄와 벌〉의 주인공인 라스콜니코프의 이름이 분리파 교도를 지칭하는 '라스콜니크'에서 따온 것임을 상기해보자. 실제로 라스콜니코프는 결코 분리파 교도가 아니다. 그는 무신론을 표방하며 신의 권한에 도전하려 드는 불경스럽기 짝이 없는 대학생이다. 그런데 왜 도스토옙스키는 그에게 '라스콜'이라는 이름을 붙여주었을까? 그것은 '라스콜니크', 즉 분리파 교도와 본질적으로 동일한, 원칙과 신념에 대한 최대주의적 자세를 견지하기 때문이다. 즉 분리파 교도들이 목숨을 걸고 신앙의 원칙을 지키고자 했다면, 라스콜니코프는 목숨을 걸고 무신론적이고 공리주의적인 인간관의 정당성을 증명하고자 했던 것이다. 양자는 원칙과 신념의 완전무결함을 증명하고 그것을 철저하게 수호하기 위해서 자기 자신을 비타협적으로 위기와 파멸 속에 내던진다. '분리파' 혹은 '구교도'가 단지 정교의 분파를 지칭하는 용어가 아니라, 러시아의 사회·정치사에서 집요하게 그 흐름을 형성해온 '반체제' 저항 세력을 뜻하는 관용어로 자리 잡은 것 또한 이러한 맥락에서 납득할 수 있다. 분리파는 19세기 말까지 존

속하면서 다양한 반정부 세력과 발맞추어 러시아의 구체제를
전복시키는데 일익을 담당했다. 정교회의 분리파가 반정부 혁
명세력으로 변신을 꾀함으로써 그 명맥을 유지한 것에 관하여
여러 각도의 평가가 가능하겠으나, 여하튼 간에 넓은 의미에서
분리파는 종교적 저항이냐, 정치적 저항이냐를 떠나서 권력과
제도권에 저항하는 최대주의적 부정의 정신을 표상한다고 볼
수 있다.

# 4. 러시아인의 최대의 관심사는 러시아

　세계 여러 나라의 국민들 가운데 러시아인들만큼 자기 자신을 집요하게 화두로 삼는 이들도 드물 것이다. 가장 대중적인 장르인 러시아 영화에서 그 단적인 예를 발견할 수 있다. 러시아 영화는 발생 초기에서부터 '러시아적인 것'을 주로 소재로 삼았다. 가령, 러시아영화사 초기에 제작된 무성영화의 대표작 가운데는 시인 푸시킨의 생애를 다룬 것이 있다. 일국의 국민시인이니 영화적 소재가 될 만도 하다고 생각될지 모르지만, 사실 당대 도시의 세속적 세태와 일상은 막 걸음마를 시작한 러시아 무성영화에 대중들의 흥미를 끌만한 이야깃거리를 제공하고도 남음이 있었다. 그럼에도 불구하고 시인의 삶을 영화화한 것이 영화사에 남을 만한 주요 작품으로 꼽힌다는 것은 러시아인의 문화적 자의식이 자국 문화 형성의 주요한 원동력임을 단적으로 입증하는 예이다. 또한 1911년에 제작된 최초의 러시아 장편영화는 19세기 러시아 역사의 주요 사건이었던 크림 전쟁을 재현한 다큐멘터리 영화 〈세바스토폴 수비전〉이었다. 러시아 영화사의 획을 그은 이 영화 역시 자국의 역사를 다뤘다는 점에서 러시아인들의 비상한 자의식을 엿볼 수 있게 해준다. 1990년대 초 소련의 해체 이후로 부진을 면치 못하던 러시아 영화계는 〈형제(Brother)〉(1997)의 개봉을 계기로 마침내 부활의 조짐을 보이기 시작했다. 그런데 이 작품은 전형적인 러시아적 남성성을 체현한 청년을 주인공으로 내세워 급격한 체제 변화를 겪고 있는 당대 러시아사회의 모습을 드라마틱하게 담아냈기에 관객들의 관심을 한 몸에 받을 수 있었다. 〈형제〉의 개봉에서 현시점에 이르기까지 러시아에서 흥행에 우위를 점한 영화들은 대부분 러시아적인 소재로, 자국내에서 제작된 영화들이다. 2004년 발표된 판타지 영화 〈나이트 워치(Night Watch)〉나 2008년에 개봉된 역사물 〈제독(The Admiral)〉 역시 현대 혹은 과거 러시아의 세태, 역사, 인물을 전면에 다뤘다는 점에서 그 흥행 요인을 찾을 수 있다.

그렇다고 '러시아적인 것'이 영화를 비롯한 대중문화 장르에서만 주로 등장하는 문화적 코드는 아니다. 러시아인의 특성은 무엇인가? 러시아 문화의 고유한 점은 무엇인가? 러시아는 서구와 어떻게 다른가? 등등 이른바 '러시아적 정체성'을 구성하는 항수적 요인들에 대한 질문은 러시아인들, 특히 러시아 지식인들을 오래도록 사로잡아온 존재론적 근본 문제였다. 이 문제를 최초로 공공연하게 제기한 저술은 표트르 차아다예프의 〈철학적 서한들〉(1829-1831)이다.

5. 표트르 차아다예프

서한 형식으로 된 이 글은 그리스도교를 근간으로 하는 서구 역사의 발전 과정, 근대국가의 미덕이나 도덕적 이상과 같은 19세기 러시아 지성의 기본적인 관심사를 응축하고 있을 뿐만 아니라, 무엇보다도 러시아 자체를 화두로 삼는 러시아 고유의 철학적 담론의 시초라는 점에서 중요한 의미를 갖는다. 〈철학적 서한들〉의 문제의식을 배태한 시대적 배경으로서 결정적인 것은 1812년 나폴레옹 전쟁에서의 승리였다. '조국전쟁'이라는 고유의 명칭을 부여할 만큼 그 의미가 컸던 이 전쟁은 러시아인들에게 전에 없던 민족적 자각을 불러일으켰다. '조국전쟁'을 계기로 러시아인들은 프랑스를 비롯한 서유럽 강대국들을 조국 러시아와 의식적으로 대비하기 시작하고, 서유럽 문명의 본질과 향방에 관해 대단히 진지한 관심을 갖게 된다.

차아다예프의 일련의 서한들 가운데 가장 문제적인 것은 첫 번째 서한이다. 그가 남긴 저작들 가운데 그의 생전에 처음이자 마지막으로 활자화된 것이 〈첫 번째 철학적 서한〉인데, 1836년에 〈망원경〉이라는 잡지에 발표되자마자 이 〈서한〉은 러시아에 대한 지독히 부정적인 언설로 인하여 황실과 권력층을 경악케 했다. 이 자조적이고 냉소적인 러시아 철학자는 서구의 경우처럼 유구한 역사 속에서 보편적인 삶의 질서, 사회적 정의, 시민적 의무를 축적하고 계승하지 못했다는 점에서 러시아인은 세계 속에서 이방인이고 유랑자에 불과하다고 단언한다. "우리는 이와 반대로 그러한 게 아무 것도 없습니다. 맨 처음에는 짐승 같은 야만, 그 다음에는 조야한 미신, 그 후에는 잔혹하고 모욕적인 이민족의 지배, 그리고 자민족에 의한 이민족 기질의 답습, 이것이 우리의 젊은 시절의 슬픈 역사입니다. ( … ) 우리의 전통 속에는 그 어떤 매력적인 기억도, 그 어떤 황홀한 모습도, 그 어떤 실제적인 유산도 없습니다."

그런데 이와 같은 러시아의 역사와 현실에 대한 통렬한 비판이 근거 없는 비관주의로 폄하될 수만은 없는 이유가 있다. 첫째로, 그 저변에 깔린 '러시아 대 서구'라는 사유의 틀이 러시아인들의 자기성찰에 가장 유의미한 척도를 제시하였기 때문이며, 둘째로, 러시아를 인류 보편의 역사로 간주되어 온 유럽 역사의 바깥에 둠으로써, 단지 러시아의 뿌리 없음을 확인하는 데 그치는 게 아니라, 오히려 유럽과는 '다른' 러시아만의 고유성의 획득 가능성을 열어놓았기 때문이다.

차아다예프는 그의 〈서한〉에서 러시아가 전유럽의 역사적 발전 과정으로부터 철저하게 이탈해 있으며, 완벽하게 고립되어 있다고 강조한다. 그의 글을 읽다 보면 정말이지 러시아는 태생도 모르고 정처도 없는 천애의 고아라는 느낌을 지울 수 없다. 도입부의 유명한 대목을 읽어보자.

우리 문명의 가장 가련하고 기이한 점 중 하나는, 다른 나라들에게, 심지어 우리보다 여러 점에서 훨씬 더 왜소한 민족들에게조차 예전부터 널리 알려진 진리를, 우리는 지금 막 깨우치고 있다는 점입니다. 이는 우리가 그 어느 때도 다른 민족들과 함께 발맞춰 나아간 적이 없으며, 우리는 인류의 위대한 문벌 중에서 서양에도 동양에도, 그 어떤 일가에도 속하지 않으며, 그 어떤 전통도 소유하고 있지 않다는 것입니다. 우리는 마치 시간의 바깥에 서 있는 것만 같고, 인류라는 가문의 전세계를 아우르는 교육이 우리에게는 보급되지 않았습니다. ( … ) 자신의 주변을 좀 보십시오. 마치 모두가 걷고 있는 듯합니다. 우리는 흡사 편력자들입니다. 그 누구에게도 일정한 존재 영역이란 없으며, 미풍양속도 없고, 법규만이 아니라 가족적인 구심마저 없습니다. 우리의 감정과 기분을 단단히 붙들어 매고 각성시킬 수 있는 게 아무것도 없습니다. 견고하고 항구적인 것이라고는 아무 것도 없습니다. 모든 게 당신의 내면에도 외부에도 아무런 흔적을 남기지 않은 채 지나쳐가고 흘러갑니다.

차아다예프의 이와 같이 철저하게 부정적이고 비관적인 러시아론은 한편으로 근대 러시아인들의 무의식 속에 잠겨 있던 집단적 콤플렉스와 트라우마를 대변한다. 러시아인들의 민감하고 발달된 자의식은 한편으로는 자신들이 서구에 비해 구제불능으로 무능하다는 깊은 열등의식의 발로였던 것이다. 다른 한편, 차아다예프가 처음으로 발설해버린 '러시아 비관론'과 그 속에 스며있는 열등의식은 그 이면에 남몰래 키워온 '러시아 이상론'을 통해 보상받고 있을 가능성이 농후하다. 물론 차아다예프의 첫 번째 〈서한〉은 거기까지 드러내보이지는 않는다. 그러나 첫 번째 서한을 발표한 후 차르 정부로부터 '미친 사람'이라는 모욕적인 낙인을 하사 받은 그는 훗날 〈광인의 변명〉(1837)이라는 글에서 서구적 편견으로부터 자유로운 러시아는 인류가 당면한 주요한 문제를 해결해야 할 사명을 지녔다는 메시아주의적 견해를 피력하기에 이른다.

극단적인 자기부정과 메시아주의 사이를 오가는 차아다예프의 진술에서 우리는 러시아 지성이 운명적으로 타고난 분열증의 단초를 엿보게 된다. 어쨌든 여기서 중요한 것은 첫째로, '러시아'라는 숙명적인 화두를 러시아의 식자층에 전격적으로 제시하였다는 점이며, 둘째로 다름 아닌 '러시아 대 유럽'이라는 퍼스펙티브 속에서 그 화두를 던졌다는 점이다. 그러한 차아다예프의 패러다임은 이후 슬라브주의 대 서구주의라는, 러시아적 사유의 전통적인 이분법이 형성되는데 기폭제가 되었다. 소련 시대 핵물리학자 사하로프와 작가 솔제니친 간의 서구주의 슬라브주의 논쟁이라던가, 오늘날 들려오는 친서방 노선과 유라시아주의 간의 긴장에 이르기까지 러시아의 주된 사회적 논의들은 여전히 차아다예프식 패러다임이 유효하다는 것을 보여준다.

# 5. 러시아의 고유성을 찾아서: 슬라브주의

19세기 들어 러시아인들의 내면에는 진보된 서유럽에 대한 동경과 낙후한 조국에 대한 열등의식이 팽배해지고, 러시아 문화에는 전혀 고유한 점이 없다는 기막힌 현실에 대한 자각이 지식인들 사이에서 일게 된다. 그러한 자각의 극단적인 예를 앞 절에서 인용한 차아다예프의 〈철학적 서한〉에서 접할 수 있었다. 그러나 바로 이 지점에서 매우 드라마틱한 사고의 전회, 사태의 전복이 일어난다. 그 요점만 간단히 말하자면, 서구는 자신이 인류의 전통을 계승한 적자(嫡子)이자 보편 인류 그 자체인양 행세하지만, 실은 인류의 총체적 면모를 대단히 편향적이고 일면적으로 왜곡한 장본인이라는 것이다. 반면 러시아는 인류 보편의 역사에서 소외된 근원도 없는 이방인인줄로만 알았는데, 실은 서구의 편향과 오류로부터 가장 자유로운, 전대미문의 새로운 문화를 창조할 만한 잠재력의 보유자라는 것이다.

　　서구라는 거울에 투영시킨 러시아인들의 자기 이미지는 일군의 지식인들에게는 이와 같이 대단히 독창적이고 특별하며 고유한 어떤 것으로 여겨졌다. 그들에게 러시아의 본질은 서구와 전혀 다를 뿐 아니라, 전 세계의 어느 민족, 어느 국가와도 비할 데 없는 것이었다. 이러한 러시아적 자의식을 발견하고 발전시킨 사람들이 바로 '지혜를 사랑하는 사람들'이라는 이름의 철학 서클에서 출발한 '슬라브주의자'들이었다. 슬라브주의자들이 자신들의 '지혜'의 궁극적인 원천으로 삼은 것은 합리적 이성이 아닌 종교적 영성이었다. 그들은 또한 그 속에서 러시아의 유토피아적 미래상을 찾고자 했다.

　　러시아와 서구의 관계에 대한 비관적 전망을 낙관적인 것으로 전변시킨 슬라브주의자로 이반 키레옙스키를 들 수 있다.

6. 이반 키레옙스키

그는 〈유럽 문화의 특성, 그리고 그것과 러시아 문화와의 관계에 관하여〉(1852)라는 제목의 글에서 전혀 서구적이지 못한 러시아가, 바로 그러한 덕택에 서구에 의해 훼손된 인류의 총체성을 온전히 보존해 낼 수 있었다는 주장을 폄으로써 차아다예프의 〈첫 번째 서한〉의 논지를 완전히 뒤집어 놓는다. 키레옙스키가 보기에 유럽문화의 근본적 취약점은 인간의 인식 활동이 추상적 합리성과 외형적 논리성에 심하게 편중된 데 있었다. 그에 따르면, 유럽문화는 그리스도교, 철학, 법, 예술 등 문화의 주요 요소를 모두 서로마적 전통으로부터 물려받았다. 서로마적 전통은 추상적 합리성에 과도하게 경도되어 있으며, 그 속에서 "논리적 개념들의 외적인 질서는 본질 자체보다 더 본질적인 것으로 여겨진다." 외형적 연관성, 추상적이고 개별적인 합리성이 지배하는 서로마적 유럽문화에서 인간의 인식 능력은 추상적 이성을 제외하고는 배제되고 총체적 가족 관계는 해체되며 개인의 인격은 재산권의 표현으로 전락한다.

반면, 동로마, 즉 콘스탄티노플과 시리아, 성산 아토스를 통하여 그리스도교와 동방 철학을 전수받은 러시아는 내적 영혼과 사고의 총체성을 중시하는 동방 정교의 전통을 그리스보다 더 온전히 보존하였다.

7. 동서 로마의 분열과 슬라브족의 이동(4~10세기)

러시아는 로마적인 정치적 폭압, 강압, 침략을 모르며, 러시아 사회는 로마와 달리 법이 아닌 민간전승에 의해 발전해왔고, 그것의 물적 증거가 그리스도교적 공동체 정신을 체현한 정교회이자 전통적인 농민공동체이다. 러시아에서는 영적 권력과 세속 권력이 서로에게서 자신의 근거를 찾으려 했던 신성로마제국 같은 예 또한 찾아볼 수 없다. 이러한 러시아와 유럽 문화에 대한 자신의 평가를 키레옙스키는 다음과 같이 요약한다.

　　서구 민족들의 정신 속에 그리스도교는 로마 교회를 통해서 스며들었으며, 러시아에서 그것은 정교회의 모든 등불 속에서 불타올랐다. 서구에서 신학은 합리적 추상성의 특성을 띠었지만, 정교의 세계에서 그것은 영혼의 내적인 총체성을 보존하였다. 저편에는 이성의 힘의 분열이 있고 이편에는 그 힘들의 생생한 총합에의 지향이 있다. 저편에서는 개념의 논리적인 연결을 수단으로 이성이 진리를 향하며, 이편에서는 진실한 총체성으로의 자의식의 내적 고양과 이성의 집중을 통해 진리를 갈구한다. 저편에서 교회는 국가와 융합되지만, ( … ) 러시아에서 교회는 세속적인 목표나 제도와 섞이지 않은 채로 남아있다. 저편에는 스콜라학파적이고 법률적인 대학들이 있으며, 고대 러시아에는 기도하는 수도원들이 있다.

　　이러한 슬라브주의적 관점에 의하면, 사유의 논리, 법적 질서, 사회적 정의와 같은 서구적인 것이 러시아에 부재함은 결핍이나 결함이 아니라 오히려 미덕이 된다. 왜냐하면, 그러한 '외형적인 논리'의 부재로 인하여 러시아는 비형식적이고 초이성적인 '내면적 총체성'을 유지하고 보존할 수 있었기 때문이다. 키레옙스키 뿐만 아니라 대표적인 슬라브주의 사상가인 알렉세이 호먀코프 역시 유럽적인 합리주의와 개인주의에 대한 깊은 불신과 경계 속에서 슬라브적인 '통합적 인식'을 일관되게 중시하였으며, 그것을 곧 신앙과 동일시하고 개인의 전체적 인격과 동일시하였다.

　　이제 러시아는 유럽문화에서는 더 이상 불가능한, 다양한 문화들의 실질적이고 유기적인 종합을 성취하는 미래의 영광을 차지하게 된다. 다시 말하지만, 슬라브주의자들은 유럽의 역사와 문화의 경계 바깥에 러시아를 자리매김 함으로써 유럽과는 전혀 다른, 새로운 문화 창조의 가능성을 자신의 조국에 부여한다. 슬라브주의자들은 새로운 문화 창조의 주역이 될 러시아를 이성적 인식의 한계에 다다른 낡은 유럽에 비해 젊디젊은 청년이라고 여겼다. 도스토옙스키 역시 그의 〈작가일기〉에서 "우리 러시아인들은 젊은 민족이다. 이미 수천 년을 살았다 해도 우리는 이제 막 살아가기 시작하는 것과 같다."라고 강변하였다. 도스토옙스키와 동년배인 후기 슬라브주의자 니콜라이 다닐렙스키 역시 러시아 문화의 젊음과 그 미래지향적 에너지를 확신했다. 저서 〈러시아와 유럽〉(1886)에서 세계의 역사를 민족 단위의 역사-문화권의 형성 과정으로 분석해낸 다닐렙스키는 러시아가 보존해온 내면적 총체성을 '슬라브 민족의 총체성' 실현이라는 역사적, 정치적 목표로 구체화한다. 그에 따르면, 젊고 자주적이며 고유의 발전과 결실을 기대할 수 있는 슬라브족의 중심에는 정치적으로 독립된 강력한 주권 국가 러시아가 우뚝 서 있으며, 러시아는 다른 슬라브 민족들을 유럽의 압제로부터 해방시켜야 한다. 그리고 이 투쟁 과정 속에서 독자성과 슬라브 민족 의식을 자각하고 민족의 강화를 도모해야 한다.

러시아의 문화적 고유성과 정치적 자주성, 그에 기초한 슬라브 민족의 연대와 슬라브 문화의 부흥은 19세기 러시아 슬라브주의자들의 원대한 이상이었다. 그리고 그러한 이상의 실현은 궁극적으로 러시아와 서구의 통합을 통해서만 가능한 것이었다. 그러나 그러한 이상적 비전은 현실화되지 않았으며, 자신들의 꿈을 현실화하기 위한 프로그램과 그것을 실행에 옮기는데 있어서 그들은 여러 난관과 한계에 부딪혔다. 그러나 슬라브주의의 이념은 후대의 러시아인들에게 길이 계승되었으며, 오늘날 러시아인들의 의식 속에도 여전히 간직되어 있다. 슬라브주의에서 발원하는, 유럽과는 다른 러시아의 운명에 대한 전망이 여전히 러시아인들의 의식의 한구석을 사로잡고 있는 것이다.

# 6. 러시아를 넘어, 유럽을 넘어: 서구주의

근대 이후 '러시아 대 서구'라는 틀 위에서 움직이는 러시아인의 자의식은 그 운동의 한 극단에서 슬라브주의적 경향을 띠는 반면, 다른 한 극단에서는 서구주의적인 경향을 드러낸다. 서구 문화에 대한 강한 불신과 러시아적 전통에 대한 확고한 자부심이 슬라브주의의 원동력이었다면, 서구주의는 그 반대로 서구 사회에 대한 동경과 지향, 러시아의 현실에 대한 부정과 혐오에서 출발한다. 러시아는 유럽과 달리 러시아만의 고유한 길을 가야한다는 슬라브주의자들의 주장과 달리, 러시아는 유럽의 일원이 되어야 하며, 유럽적인 행보를 따라야 한다는 게 서구주의자들의 기본 입장이다. 근대 이후 러시아의 정체성을 두고서 서로 대립하고 경쟁해 온 이 두 사상적 경향은 극과 극을 시계추처럼 치닫는 러시아인의 정신적 특성을 여실히 보여주는 대목이다.

러시아 사회가 나아갈 길에 관하여 첨예하게 대립해온 슬라브주의와 서구주의가 애초에는 동일한 철학적 관심에서 출발했다는 것은 여간해서는 믿기 어려운 사실이다. 양측은 모두 헤겔을 위시한 독일 관념철학을 함께 읽고 토론하는 학습 모임을 계기로 시작되었다. 그중에서 모스크바에서 니콜라이 스탄케비치가 조직한 철학 서클을 시발점으로 하는 서구주의 운동은 알렉산드르 게르첸이 이끄는 서클과 미하일 페트라솁스키가 주도한 페테르부르크의 비밀 서클 활동을 통해서 사상적 정체성을 다지게 된다.

페트라솁스키 서클은 주지하다시피 1849년 수십 명의 구성원들이 한꺼번에 검거당하는 이른바 '페트라솁스키 사건'으로 역사의 일면을 장식하였으며, 도스토옙스키가 거기에 연루되는 바람에 그 명칭이 지금까지 전세계인들의 뇌리에 남게 되었다. 그러한 '페트라솁스키 사건'이 서구주의 사상과 관련하여 주목되는 까닭은, 이 사건을 계기로 철학적 이상주의에서 정치적 급진주의로의 노선의 변화가 일어나고 혁명운동의 조직적 전개가 시작되기 때문이다. 요컨대, 1860년대 허무주의에서 1870~1880년대 인민주의, 1890년대 사회주의로 이어지는 러시아 혁명 운동의 계보는 서구주의 운동으로부터 발원하게 된 것이다.

급진적 혁명운동으로 이행하기 전부터 서구주의 사상은 러시아 현실에 대한 신랄하고 비타협적인 비판을 전개했으며, 러시아의 사회적 모순을 혁명적 방식으로 타개하고자 했다. 서구주의자들 가운데 우리에게 친숙한 이름으로는 앞서 지적된 게르첸 외에 비사리온 벨린스키, 니콜라이 체르니솁스키,

이반 투르게네프, 미하일 바쿠닌 등을 들 수 있다. 이중에서 주로 서구와 러시아의 문학적 교류에 관심을 갖고, 그 자신이 당대 서유럽 문화계의 일원으로 활동하기도 했던 작가 투르게네프를 제외하고는 모두 러시아 사회의 혁명적 변화를 추구했던 급진적 부류에 속한다.

사실 슬라브주의와 서구주의가 충돌하는 보다 근본적인 지점은 서구에 대한 입장보다는 양측의 철학적 세계관에 있다. 슬라브주의가 러시아 정교 신앙에 기초하여 역사, 윤리, 문화, 정치 등 모든 분야에서 철두철미하게 종교적인 진리를 추구하는 반면에, 서구주의는 대체로 철저한 무신론적인 입장을 견지했다. 가령, 벨린스키는 페트라셉스키 서클 회합에서 도스토옙스키가 낭독한 것으로 잘 알려진 〈고골 선생에게 보내는 서한〉(1847)에서 이미 유물론에 입각한 러시아 혁명 사상의 단초들을 명료하게 제시하고 있다. 작가 고골이 〈친구들과의 서신교환선〉이라는 설교문에 가까운 저술에서 러시아의 봉건적 현실을 노골적으로 옹호한데 대하여 벨린스키는 '성난' 무신론자의 직설적이고 신랄한 언어로 고골의 '무지'와 '반동성'을 공격한다. 그는 "러시아인은 본래 심오하게 무신론적인 민족"이며, 그들에게 남아있는 것은 "종교적 정신의 흔적이 아니라 어마어마한 미신"이라고 단언한다. 또한 "그리스도는 자유, 평등, 박애의 가르침을 전파한 인민의 계몽자로서 당대 러시아 정교회와는 아무 관련이 없다"는 것이다. 러시아의 발전을 위해서는 정교회의 부정이 필수적이라고 보는 벨린스키는 열렬한 정교 신도이자 슬라브주의자인 고골에게 이렇게 외친다.

8. 비사리온 벨린스키

따라서 당신은 러시아가 자신의 구원을 신비주의도 금욕주의도 경건주의도 아닌, 문명과 계몽, 박애주의의 부흥에서 발견한다는 점을 알아채지 못하였습니다. 러시아에 필요한 것은 설교도 아니고(그것은 충분히 들었습니다!) 기도 역시 아니라(그것은 충분히 반복했습니다!), 수 세기 동안 진창과 오물 속에 잃어 버렸던 인간적 미덕의 감정을 민중 속에서 일깨우는 것이며, 교회의 훈계가 아니라 건전한 의미와 정의에 부합하는 권리와 법이며, 엄밀히 말하자면, 될 수 있는 한 그것의 실현입니다. ( … ) 작금의 러시아에서 가장 절실하고 당대적인 민족적 문제는 농노제의 폐지와 태형의 중지, 현존하는 법률만이라도 최대한 엄격하게 실행하는 것입니다.

서구주의의 무신론적 세계관은 정교신앙과 농노제, 전제정치 등 러시아의 낡은 체제 전반에 대한 비판의식과 어우러져 당대 서구에서 들불처럼 번져간 사회주의 사상이 러시아 지식층에 적극적으로 수용될 수 있는 정신적 토양이 되었다.

이와 같이 무신론과 사회주의 사상에 경도된 서구주의가 훗날 급진적인 혁명 운동으로 전화한 것은 어찌 보면 지극히 자연스러운 과정이라고 할 수 있다. 그러나 다른 한편으로 서구와 러시아의 역사를 반추해 볼 때 그것은 대단히 문제적인 과정이 아닐 수 없다. 철학적 운동으로 시작된 서구주의는 혁명적 민주주의, 자유주의, 입헌군주제 등 다양한 정치적 스펙트럼을 드러냈지만, 결국 그것의 주된 흐름은 가장 급진적인 혁명운동으로 나아갔다. 이러한 서구주의는 러시아가 발전하기 위해서 서구의 계몽주의와 진보적 정치체제를 수용해야 한다는 서구추종적 입장으로 볼 수만은 없는 것이다. 서구주의의 궁극적인 지향점은 서구의 현재만이 아니라, 그것을 뛰어넘고 극복한 어떤 단계였던 것이다. 바로 이러한 점에서 서구주의는 자신의 경쟁상대인 슬라브주의와 의외로 상통하는 면이 있다.

9. 알렉산드르 게르첸





　실제로 유럽으로 망명한 서구주의자 게르첸은 1848년 파리에서의 혁명을 두 눈으로 목격하고, 혁명이 소시민적 부르주아 정치로 변질되는 과정을 목도하면서 서구적인 노선에 대하여 근본적인 회의를 품게 된다. 나아가서 그는 러시아 농민공동체를 바탕으로 러시아만의 고유한 사회주의를 실현할 수 있는 방안을 모색하기 시작한다. 게르첸이 말년에 희망을 걸었던 농민공동체는 러시아어로 '미르(mir)' 혹은 '옵시나(obshchina)'라고 하는 자연발생적 촌락공동체로서, 슬라브주의자들 역시 러시아 사회의 발전 모델로 삼았던 대상이었다. 심지어 게르첸은 〈러시아 민중과 사회주의〉(1851)라는 제목의 서한에서 슬라브주의와 매우 흡사한 어조로, 농촌공동체를 근거로 한 러시아의 비서구적인 발전 가능성을 은근히 강조한다. "이러한 모든 것으로부터 촌락공동체가 아직 살아있다는 것, (···) 또한 러시아 국민이 정치적 발전의 바깥에 남아있고 서구 문명의 영향을 받지 않았다는 사실이 러시아 국민을 위하여 얼마나 다행스러운 일인가"라는 그의 진술은 슬라브주의에 너무도 근접해 있다.

이렇게 볼 때 슬라브주의와 서구주의의 사상적 궤적은 서구 문명에 대한 동일한 관심에서 출발하여 양 극단으로 치달았다가 다시 '러시아와 서유럽을 너머'라는 동일한 어느 지점으로 모아지는 듯하다. 그렇다고 해서 양측이 실질적인 합의점에 다다랐다고 보아서는 물론 곤란하다. 하지만 양측이 러시아 민중에 대한 깊은 신뢰와 애정을 공유하고 있으며 서구 부르주아 사회의 한계와 오류를 극복하는 데에 러시아의 미래가 있다고 본 것만은 분명하다.

# 7. 러시아민족주의?
#    러시아중심주의?

2009년 4월 러시아에서 〈타라스 불바〉라는 블록버스터급 영화가 개봉되었다. 작가 니콜라이 고골 탄생 200주년을 기념하여 제작된 이 영화는 고골의 동명 소설을 현대적인 영상 언어로 각색한 것으로서, 그 옛날 율 브리너가 주연한 헐리우드 판 〈대장 불바〉와는 사뭇 다른 분위기를 연출한다.

1842년에 쓰여진 고골의 원작 〈타라스 불바〉는 17~18세기에 지금의 우크라이나 땅에 살았던 카자크들의 역사를 그린 소설이다. 카자크는 러시아와 우크라이나의 여러 지역에서 독특한 자치공동체를 이루며 살았던 유목민들로서 자유롭고 호전적인 기질과 각별한 공동체의식을 특징으로 한다. 고골의 소설에서 이러한 카자크들의 형상은 누구나 읽어보면 금방 알아챌 정도로 러시아 민족의 영웅으로 노골적으로 미화되고 있다. 카자크들의 지난한 투쟁의 역사는 러시아 전체의 위대한 역사로, 그들의 공고한 공동체의식은 러시아인들의 애국주의적 민족의식으로 그려지는 것이다.

　이 같은 이념적 경향을 띠는 19세기 고전이 21세기에 와서 왜 다시 거대한 스펙터클로 영화화되었을까. 그 까닭을 이해하기 위해서는 러시아의 또 하나의 사상적 전통인 러시아민족주의에 관하여 알아볼 필요가 있다. 특히 소비에트 연방의 해체기부터 현재까지는 러시아민족주의가 유달리 고조된 시기로서 심지어 그것이 러시아 사회의 거의 유일한 이념적 대안으로 여겨지는 양상마저 보이곤 했다. 영화 〈타라스 불바〉의 제작과 개봉 역시 이러한 러시아의 정황을 뚜렷하게 반영한 것이었다.

　러시아민족주의의 원천은 13세기에서 15세기까지 약 240년간 몽골–타타르의 지배 하에서 배양된 러시아인들의 연대의식과 10세기 키예프 루시의 정교수용으로 촉발된 민족적 결속감으로까지 거슬러 올라간다. 그러나 러시아인들의 민족의식이 근대적 의미의 정치적 성격을 갖추게 된 실질적 계기는 18세기 초에 시행된 표트르대제의 서구화 정책이었다. 일상적 관습에서부터 국가 행정체제까지 아우르는 표트르대제의 강압적인 서구화 정책은 보수적인 귀족층으로부터 엄청난 반발을 샀지만, 다른 한편으로는 그들에게 서구에 대비되는 러시아의 본성에 대한 본격적인 성찰의 계기를 제공하기도 했다. 무엇보다도 표트르의 개혁이 근대적 민족의식의 형성에 기여한 점은 서구화된 교육제도의 유입이었다. 근대적인 정치 · 사회적 담론을 생산할 수 있는 지식계층이 서구화된 교육에 의해서 비로소 배출될 수 있었던 것이다. 표트르의 개혁 이후 민족주의의 발흥에 결정적인 박차를 가한 것은 러시아인들의 민족적 자긍심을 드높였던 1812년 나폴레옹 전쟁의 승리였다. 이후 러시아 지식인들 사이에서 전개된 서구주의와 슬라브주의 논쟁은 근대적 의미의 러시아민족주의가 형성되는 데 중요한 밑거름이 되었다.

러시아 국민의 다수를 차지하는 '루스키'(인종적 의미의 러시아민족)의 이해관계 위주로 구성된 러시아민족주의는 세부적인 유형별로 일정한 차이는 있지만, 대체로 주변국가와 소수민족에 배타적인 '러시아중심주의'와 러시아정교를 이념적 근간으로 한다. 특히 제국의 정치 논리에 따라 정립된 19세기 관제러시아민족주의는 제국의 이해관계를 그대로 반영하여 러시아 전제정(專制政)의 패권과 러시아민족의 우월성을 공격적으로 주장하는 독단적인 성격을 띠었다. 슬라브주의 계열의 러시아민족주의 역시 서구와 주변국에 대한 러시아문화의 우월성을 주장한 점에서는 다를 바가 없었다. 러시아민족주의의 부상과 더불어 초기의 온건한 슬라브주의의 논의들은 러시아중심주의를 노골적으로 드러내는 범슬라브주의로 이행하였다. 러시아제국이 크림 전쟁을 벌이던 당시 주전론을 펴면서 러시아의 콘스탄티노플 점령을 강력하게 주장했던 작가 도스토옙스키는 그러한 범슬라브주의적 민족주의자의 대표적인 인물이라고 할 수 있다.

소비에트 시대에 러시아민족주의는 '소비에트 민족'이라는 구호에 가려져 표면적으로 가시화될 수는 없었지만, 러시아중심으로 구성된 소비에트 사회의 지층 아래서 그것은 여전히 숨쉬고 있었다. 특히 독일과의 전쟁 시기에 소비에트 정권은 국민통합을 위해 러시아 정교의 힘을 빌고자 했고, 실제 정교회와의 일정한 타협을 결행하면서 러시아민족주의를 우회적으로 부추긴 것이 사실이다. 그렇게 잠재되고 억제되어 있던 러시아민족주의는 소련 사회의 해체기에 다시 지표를 뚫고 솟구쳐 오르기 시작하였으며, 러시아 정체성의 위기 담론과 더불어 그것은 이행기의 러시아를 한동안 거세게 휩쓸었다.

포스트소비에트 시대에 뚜렷하게 목격되었듯이, 러시아민족주의는 러시아 사회가 일정한 위기에 봉착할 때 다른 사상들에 비하여 비교할 수 없을 만큼 커다란 대중적 파급력을 발휘하였다. 그것이 가능할 수 있었던 가장 큰 이유는 러시아인들 대다수가 의식·무의식적으로 의지하는 정교신앙이 러시아민족주의를 추동하는 가장 큰 힘이기 때문이다. 이와 관련하여 조정남 교수의 다음과 같은 지적은 중요한 시사점을 제공한다.

러시아민족주의가 가지는 강한 러시아정교적인 요소는 결과적으로 러시아민족주의를 보다 항구적이고 견고한 종교적 믿음과 의탁의 대상으로 주형시키는 데 기여했고, 또 이의 배타적이고 전투적인 성격을 강화시키는 데도 작용했다고 볼 수 있다. 뿐만 아니라 러시아민족주의의 강한 종교적 성격은 역사적으로 경험해 온 정치체의 변화과정에서도 상당히 지속적으로 그 영향력을 행사하는 것을 가능케 한 중요한 원인으로도 작용해 왔다.

여기서 다시 〈타라스 불바〉의 이야기로 돌아와서, 영화의 첫
장면을 상기해보자. 폴란드 진영과의 일대 전투를 앞둔 카자크
전사들이 하나같이 비장한 표정으로 언덕 위에 군집해 있고,
카자크 사령관 타라스 불바가 그들 앞에서 우렁찬 목소리로 일
장연설을 한다. "핏줄에 따라서가 아닌 정신으로 굳게 뭉칠 수
있는 것은 인간뿐이다. 다른 나라에도 그러한 동지애가 있었지
만 우리 러시아 땅에서 보이는 그런 동지애는 아무 데도 없었
다."

10. 영화 〈타라스 불바〉의 한 장면

웅장하고 거대한 스케일의 흑백 영상이 관객을 압도하는 이
첫 장면에서 이미 영화 전체의 메시지는 짐작되고도 남음이

있다. 원작에서 이 장면은 카자크들의 대 폴란드 전투가 절정에 다다르는 후반부에 배치된다. 그런데 영화에서 그것을 첫 대목으로 옮겨온 이유는 무엇일까. 아마도 그것은 타라스 불바라는 영웅적 형상을 보다 극적으로 제시하고, 그의 연설이 강조하는 이른바 '러시아의 혼'과 '러시아적 형제애'를 보다 '임팩트 있게' 전달하려는 요량이었을 것이다. 또한 화면에 가득한 카자크 전사들의 한결같은 모습을 통해서 공동체의식과 집단적 정체성을 대중들에게 각인시키고자 했음이 분명하다.

러시아민족의 입장에서 본다면, 실로 영웅적이고 애국적인 카자크들이 아닐 수 없다. 그런데 당혹스러운 것은 고골이 낭만적으로 형상화한 카자크들의 호전적 태도와 발언들이 오늘날 마치 러시아의 대안적인 슬로건처럼 대중들에게 울려 퍼지고 있다는 점이다. 가령, 적들에게 잡혀 화형당하는 타라스 불바는 영화의 말미에서 다음과 같이 외친다.

두고 보자. 때가 되면 러시아 정교신앙이 어떤 것인지 네놈들도 알게 될 것이다! 벌써 지금도 먼 곳, 가까운 곳 가릴 것 없이 백성들이 그것을 느끼고 있다. 우리 러시아 땅에도 러시아 황제가 나타날 것이다. 그리고 이 황제에게 정복되지 않는 세력은 이 세상에는 없을 것이다!

모든 나라가 러시아 황제에게 정복될 거라는 예언(?)을 현대의 러시아 청년들이 자신들의 삶의 구체적 지침으로 받아들인다면 참 난감한 일일 것이다. 그런데 만의 하나, 실제 그런 일이 벌어진다면 그 책임의 일부는 고골 자신과 그의 작품을 민족주의적으로 재현한 현대 러시아의 기성세대에 있다고 본다. 특히 여러 정황상 고골은 〈타라스 불바〉가 문학만이 아니라 문학 그 이상의 것이 되기를 바랐음이 분명하며, 또한 자신도 단지 작가가 아니라 그 이상의 존재가 되고자 했던 게 확실해 보인다. 그리고 고골은 러시아민족에게서 일개 민족 그 이상의 것을 본 것 같다. 여기서 이야기는 자연스레 러시아인들의 메시아사상과 선민의식으로 이행한다.

# 8. 메시아사상과 선민의식

러시아인들의 민족적 자의식을 구성하는 제1의 요소가 신앙심이라는 점은 이미 2절에서 언급하였다. 그 자신이 독실한 정교신자였던 도스토옙스키는 러시아민중을 가리켜 '신을 지닌 자'로 명명하였으며, 러시아인들에게 가장 소중한 것은 그리스도교 신앙임을 수없이 강조한 바 있다. 또한 정교 사상가 로스키는 러시아민족의 특성에 관한 자신의 책에서 "러시아인의 이상은 종교적 성격을 띤다."라고 확언하고 있다. 이처럼 러시아인들의 정신세계에서 너무나도 큰 비중을 차지하는 정교 신앙은 아주 오래전부터 러시아인들의 의식 속에 그리스도교적 선민의식과 메시아사상을 키워왔다.

신에 의해 선택받은 러시아와 러시아민족이라는 신화적 관념은 그 기원에 있어 15세기 중반에 형성된 이른바 '모스크바 제3로마설'로 거슬러 올라간다. 1453년 정교의 본산지인 비잔틴 제국이 오스만투르크에 의해 패망할 당시 러시아는 모스크바를 중심으로 공국을 통합하고 중앙집권체제를 구축하여 강력한 군주국으로 거듭나던 참이었다. 마침내 1480년에 몽골-타타르의 지배로부터 완전히 벗어나게 된 러시아는 국민통합과 국가발전의 새로운 비전을 다름 아닌 정교의 이념에서 찾고자 했다. 당시 러시아 정교회에서는 모스크바가 콘스탄티노플을 대신해야 한다는 주장이 심심치 않게 제기되었는데, 가령 모스크바의 부주교 조시마는 "모스크바는 새로운 콘스탄티노플, 차르 이반 3세는 새로운 콘스탄티누스 황제"라는 명제를 공식화하였다. 러시아가 정교의 본국인 비잔틴을 계승하여 새로운 정교의 수호자가 되어야 한다는 주장의 결정판은 16세기 초 수도사 필로페이가 차르 바실리 3세에게 올린 서한이었다. 차르에게 정교의 수호자 역할에 충실하고 정교회의 가르침에 따라 선정을 베풀 것을 호소하는 서한에서 필로페이는 다음과 같은 유명한 문구를 남겼다.

두개의 로마는 멸망하였고, 제 3의 로마가 건재합니다. 제 4의 로마는 없을 겁니다.

이 구절로 인하여 '모스크바 제3로마설'은 러시아의 거의 항구적인 이념으로 뿌리를 내리게 되었으며, 러시아인들은 자신이 전세계 그리스도교인들의 영적 지도자라는 선민의식을 대대손손 물려주게 되었다. 이후 '모스크바 제3로마설'은 19세기와 20세기의 중요한 역사적 시기에 거듭 재현되었으며, 철학자 베르댜예프는 러시아 혁명의 기치였던 볼셰비즘이 '모스크바 제3로마설'에 입각한 메시아니즘의 변형이라고 해석하기도 하였다.

정교신앙에 기초한 러시아민족주의가 이와 같은 선민의식과 메시아니즘을 자양분 삼아 발전하였음은 어찌 보면 당연한 일일 것이다. 앞장에서 언급했듯이 러시아민족주의의 문학적 원조격인 고골이 러시아 메시아니즘의 문학적 선구자이기도 한 것도 말하자면 필연인 셈이다. 〈신곡(神曲)〉의 구성을 본떠서 구상한 〈죽은 혼〉 3부작을 통해서 러시아의 영적 부활을 장엄하게 구현하고자 했던 고골은 러시아문학의 길을 "미학에서 종교로 돌려놓은" 작가로 평가받는다. "우리는 모두 고골의 외투에서 나왔다"라고 말했던 도스토옙스키 역시 고골을 계승하여 '구원의 서사'가 전개되는 일련의 장편들을 창작하였으며, 저 유명한 1880년 푸시킨 동상 제막식 연설에서 러시아인의 소명에 관한 인상적인 메시지를 남겼다. 그에 따르면, "진정한 러시아인이 된다는 것"은 "유럽적인 모순들의 최종적인 화해를 실현하는 것, 전인류적이고 모든 것을 통합하는 러시아의 영혼으로 유럽의 우수에 출구를 제시하는 것, 그리고 형제애로 충만한 자신의 영혼 속에 우리의 모든 형제들을 규합하는 것, 그리하여 마침내는, 그리스도의 복음의 법칙에 따른 모든 종족들의 위대한 보편적 조화, 최종적인 형제애적 화합이라는 최후의 말을 발설하는 것"이다.

도스토옙스키가 웅변한 '그리스도교적 형제애에 입각한 전인류의 화합'은 19세기 후반 신앙심이 돈독했던 일단의 러시아 지식인들을 사로잡았던 유토피아적 미션이었다. 그것을 신

학적으로 이론화함으로써 도스토옙스키를 포함한 당대 지식
인들에게 지대한 영향을 미쳤던 철학자가 있었으니, 바로 블
라디미르 솔로비요프이다.

11. 블라디미르 솔로비요프





　그는 인류화합의 소명을 보다 구체화하여 범세계적 신정(神
政)제국의 수립과 세계교회 창설의 구상을 세우기까지 했다.
너무나 심오하고 정교하고 방대하여 어안이 벙벙할 지경인 그

의 구상은 실제 현실화되지는 못하였지만, 20세기 러시아의 성직자들과 신학자들에 의해 '세계교회주의 운동'으로 계승되었다. 그러한 솔로비요프의 인류통합과 신정국가 구상 역시 러시아민족에 대한 특별한 믿음을 바탕에 깔고 있었다. 신정국가는 인류를 화합시키는 '신성한 힘'의 담지자인 민족에 의해 수립되는데, 그들에게는 "모든 제한성, 일면성으로부터 자유로울 것, 협소하고 특수한 이해관계를 초월할 것, 활동과 지식의 그 어떤 부분적이고 저급한 영역에서 전력을 다해 스스로를 주장하지 말 것이 요구되며, 소소한 이해관계들에 연연하는 속세의 모든 삶에 대한 무관심과, 지고한 세계의 긍정적 현실에 대한 완전한 믿음과 그에 대한 순종적인 태도가 요구된다." 이러한 속성은 의심할 바 없이 "슬라브민족들의 특성, 특히 러시아민족의 특성에 속한다."라는 것이 철학자의 당시 생각이었다. 그러나 그는 러시아민족에 대한 이와 같이 이상주의적인 견해를 훗날 스스로 부정하게 된다.

솔로비요프와 도스토옙스키가 역설했던 그리스도교적 인류화합의 구상은 아이러니컬하게도 전투적 유물론에 입각한 소비에트연방과 공산주의 인터내셔널의 창설로 '뒤집힌 채' 실현되었다. 로스키는 공산주의적 인터내셔널리즘이 획일적이고 무차별적인 통합이라고 비판하면서 정교 사상에 기초한 러시아인들의 인류화합의 이상은 민족들의 고유한 특성을 발전시키는 '슈퍼내셔널리즘'이라고 못 박은 바 있다. 그럼에도 불구하고 로스키는 만인의 행복을 최대한으로 실현하고자 하는 공산주의와 볼셰비즘이 러시아인의 선량한 본성을 어느 정도

보전한 것이라고 평가한다.

　주지하다시피 소비에트가 해체된 이후 러시아 정교회는 다시 부활하였다. 이제 그와 함께 러시아인들이 과거의 메시아 사상과 민족적 소명의식을 오늘에 다시 되살리게 될지 궁금하지 않을 수 없다. "소비에트 체제가 붕괴된 후 러시아문화의 그리스도교적 기초가 부활할 것이다. 그때 도스토옙스키와 솔로비요프가 이야기했던 러시아민족의 미션은 인류의 삶 속에서 성공적으로 실현될 것이다."라고 니콜라이 로스키는 수십 년 전 자신의 소망을 피력하였다. 그렇다면 로스키가 언급한 솔로비요프는 러시아민족의 소명에 관하여 최종적으로 어떠한 말을 남겼을까? 그는 러시아정부의 제국주의적 정책을 직설적으로 비판하면서 러시아가 자민족중심주의에서 철저해야 벗어나야함을 강력하게 주장하였다. 또한 러시아민족의 특수성을 강조하기 보다는, 그리스도교 진리의 보편성과 개별 민족들의 자유를 역설하였다.

　러시아화 정책을 거부하고, 종교적 자유를 조건 없이 인정함으로써 자신의 역사적인 죄과를 회개하고, 정의의 요구를 충족시키며, 민족적 에고이즘을 버리는 것 ─ 바로 이것이 러시아가 실제적인 민족적 이데아의 계시와 실현을 위해 자신을 준비시키는 유일한 수단이다. 이때 민족적 이데아란, ─ 이를 잊어서는 안 된다. ─ 추상적인 이념 혹은 맹목적인 숙명이 아니라 무엇보다도 윤리적 의무이다.

결국 솔로비요프가 남긴 최종적인 선언은 '네 이웃을 네 몸 같이 사랑하듯이, 이웃 민족을 자민족처럼 사랑하라.' 라는 것이었다. 요컨대 자신을 스스로의 '우상' 으로 만들지 말고 전 세계인들의 '소금' 이 되라는 것이 위대한 선대 철학자가 후대 러시아인들에게 전하는 간절한 유훈이었다. 어쩌면 그것은 전 세계인들을 '구원' 하는 것보다 훨씬 더 어려운 일인지도 모르겠다. 그럼에도 불구하고 솔로비요프는, 그리고 도스토옙스키와 로스키는 러시아인들이 그러한 소명을 언젠가는 실현할 거라고 굳게 믿었던 것 같다.

# 일상생활

## 1. 나의 가정은 나의 성(城)



러시아아인들은 무뚝뚝하다. 이제는 자본주의화 되어 분위기가 많이 바뀌어간다곤 하지만, 러시아어가 서툰 외국인이 상점에서 우물거리며 대답을 망설이면, 러시아 점원은 당장에 '취보(뭐야)?' 라고 소리치며 눈꼬리를 치켜 올리고 나온다.

그러나 이렇게 무뚝뚝한 인상과 달리, 사실 러시아인들은 가까운 이들과 친밀한 관계를 매우 소중히 여긴다. 흔히 하는 말로 러시아인들은 두 개의 삶을 산다고 한다. 하나는 가정에서의 삶, 다른 하나는 직장에서의 삶이다. 직장에서 러시아인들은 딱딱하고 때론 무례해보일 정도로 거칠지만, 친지와 친구들 사이에서는 다정다감하며 진솔한 대화를 즐길 줄 안다. 그들은 주방에서 가까운 친지들과 함께 있는 그 시간이야말로 진정한 자신이 되는 시간이라고 믿는다.

1. 부엌에서의 담소를 즐기는 러시아인들

실제로 주방은 러시아의 친교생활에서 중요한 위치를 차지한다. 식탁에 둘러 앉아 함께 음식을 먹고 차를 마시고 술을 마시는 것보다 러시아인을 더 잘 이해할 수 있는 방법은 없다.

식탁에 마주앉아 오래오래 수다를 떠는 것은 러시아인들의 생활에서 빼놓을 수 없는 중요한 일부를 차지한다. 친한 사람들과 실컷 먹고 마시는 자리에서 속내를 털어놓을 수 있기 때문이다. 특히 카페 같은 만남의 장소가 드문 소비에트 시기, '주방의 수다'는 러시아인들이 나누는 가장 전형적인 소통 방식이었다. 오늘날까지도 '주방의 수다'라는 포맷은 신문과 방송에서 끊임없이 복제되고 재생된다.

같은 맥락에서 러시아인이 외국을 찾았을 때도 마찬가지이다. 현지인이 러시아 방문객을 자기 집에 초대해서 주방에서 함께 식사할 수 있는 기회를 제공한다면, 그들은 아주 특별한 의미로 받아들이며 고마워할 것이다. 형식적인 레스토랑 초대보다는 가정으로의 초대야말로 자신을 진짜 친구로 생각하는 증거라 믿기 때문이다.

진심에서 우러나는 손님 접대는 러시아 문화의 특징이기도 하다. 러시아인들은 자기가 가진 걸 손님과 나눠먹고, 손님이 제 집에 온 것 같은 느낌이 들도록 최대한 배려한다. 소비에트 시기, 그리고 소비에트 붕괴 이후 10년간 계속 된 혼란기 속에서 생필품 부족으로 곤란을 겪어야 했던 러시아인들은 암시장에서 구한 식료품을 냉장고에 쟁여놓는 습관이 생겼다. 그래서 손님이 찾아왔을 때, 러시아의 주부들은 아껴두었던 맛있는 음식을 아낌없이 꺼내어 대접하곤 했다.

러시아인들은 가족과 아이들에 대한 질문 받는 걸 좋아한다. 또한 상대방의 가족에 대해서도 호기심을 보인다. 그들에게 가족 사진이나 집 사진을 보여준다면, 대단히 흥미로워할

것이다. 러시아인들은 다른 나라 사람들의 삶의 방식을 궁금
해 하며, 자기네 삶의 방식과 비교해보는 걸 재미있어 한다.
친구에 대한 러시아인들의 관심은 진실한 것으로 대화를 지속
시키기 위한 제스쳐가 아니다.

단, 유쾌하고 다정다감한 러시아 가정의 주방에서 담배냄새
가 풍길 수 있다는 점은 미리 알아두는 게 좋다. 그들은 차를
마시고 대화를 나누면서도 줄기차게 담배를 피워대곤 한다.
러시아에서 금연 캠페인이 시작된 지는 얼마 되지 않았고, 절
반 이상의 러시아 남성들이 가히 어마어마한 양의 담배를 피
워댄다. 러시아는 전 세계에서 흡연인구가 가장 많은 나라이
기도 하지만, 특히 청소년 흡연인구가 세계 1위이다. 1996년
에서 2006년 사이, 흡연으로 인한 사망인구는 매해 25만 명에
서 40만 명으로 증가했다. 흡연으로 인한 사망률이 높은 또 다
른 이유는, 러시아의 담배가 대부분 필터가 없고 니코틴과 타
르의 함유량이 높기 때문이다. 게다가 작은 아파트나 사무실
은 겨울에 창문이 꼭꼭 닫혀 있으므로, 담배 연기가 비흡연자
한테 미치는 영향 또한 심각하다.

이처럼 지겹도록 앉아서 먹고 마시고 담배 피우고 수다 떠는
걸 좋아하는 러시아인들이기에, 갖가지 연중행사를 이벤트처
럼 치르고 즐긴다. 한국인들은 나이가 들수록 내 생일이든 남
의 생일이든 따로 축하하는 걸 다소 겸연쩍어하는 경향이 있
다. 반면 러시아인들은 주변 사람들의 생일 챙기는 걸 좋아한
다. 가정에서는 친구와 친지들을 불러 생일을 성대하게 기념
하는데, 손님이 많을 경우 이틀에 걸쳐 생일축하연을 벌인다.

생일을 비롯해 가정의 모든 연중행사는 다 함께 노래를 부르
며 마무리하는 경우가 많다. 젊은이들은 대중가요나 미국의
팝음악을 좋아하지만, 다소 나이가 있는 러시아인들은 러시아
고유의 로망스를 즐겨 부른다.

생일은 물론 결혼, 새해 첫 날 같은 중요한 날이 오면, 가정
에서뿐 아니라 직장에서도 흥겨운 축하자리를 갖는다. 생일을
맞은 사람이 와인 몇 병과 부테르브로드(러시아식 샌드위치)
로 생일상을 준비하고, 직장동료들이 선물을 갖고와서 축하하
는 식이다. 새해도 떠들썩하고 거창하게 맞이한다. 열흘 전부
터 각 직장마다 송년회를 크게 열기 때문에, 사실상 공적인 업
무는 거의 마비된다고 보아도 좋다. 이 무렵 병원에 의사가 없
거나 교실에 교사가 없으며, 우편물이 오지 않는 사태가 벌어
져도 러시아인들은 크게 놀라지 않는다.

한 마디로 러시아 사람은 낯선 이에게 친절하지 않다. 엘리
베이터에서 모르는 사람과 눈이 마주친 순간 미소를 지어보이
는 일도 없다. 그런 습성을 가리켜 감정이 헤프지 않다고도 하
고, 다른 한 편으로 진국이라 표현하기도 한다. 그러나 러시아
사람과 진심어린 소통을 하다 보면, 그들이 얼마나 상대를 깊
이 배려하며 여유로운 인생관을 지녔는지 깨닫게 될 것이다.
마음을 열고 그들과 진솔한 우정을 쌓아보라. 기쁨, 슬픔, 성
공, 실패의 눈물을 함께 나눌 줄 아는, 따뜻한 심장을 가진 친
구 앞에 러시아인들은 쉽사리 사그라지지 않을 깊은 우정을
선사할 것이다.

# 2. 결혼과 가정

러시아는 전통적으로 가부장사회이다. 가장의 권위가 높고, 주부는 일상의 가사와 금전관리를 주로 맡는다. 자녀는 부모나 연장자에게 경의를 표해야 하고, 부모는 자녀의 생활 전반에 걸쳐 주요한 결정을 내린다.

러시아의 결혼 연령은 평균 20대 전반으로 조혼 경향이 있으나, 1991년 소비에트 연방 해체 이후 점차 늦어지는 추세이다. 러시아 및 구소련 연방에 속했던 국가들은 아직도 비슷한 결혼 제도를 이어가고 있다. 이런 국가들의 결혼 제도에서 가장 특이한 점은, 결혼식을 지정된 날짜와 지정된 장소에서 치러야 한다는 것이다. 러시아인들은 작스(zags)라는 곳에서 결혼식을 치르는데, 작스는 우리의 동사무소처럼 갖가지 호적 관련 등록을 처리하는 관공서이다. 이런 전통은 구소련 시절에 시작되었다. 모든 것이 국가의 엄격한 통제 하에 지배를 받던 시절, 결혼을 하려면 관청에 결혼지원서를 제출하고 혼인 날짜를 지정받아야 했기 때문이다. 러시아의 관공서는 근무 시간이 워낙 짧은 데다 작스에서의 결혼식은 매주 금요일과 토요일 이틀간만 허가되므로 신랑 신부가 마음대로 날짜를 정할 수 없었다.

2. 결혼 서약서에 서명하는 신혼부부



그러한 결혼 문화가 오늘날까지 이어지고 있다. 신랑과 신부는 지정받은 날 작스로 가서, 양가 부모, 신랑, 신부의 증인으로 온 들러리 2명과 가까운 친구들이 지켜보는 가운데 담당

공무원 앞에서 서약을 하고 결혼반지를 교환한 후 키스를 나눈 뒤 결혼 증명서를 받는다. 결혼반지는 오른손 네 번째 손가락에 끼워준다. 결혼 증표로 왼손 네 번째 손가락에 반지를 끼워주는 우리나라와는 다르다. 우리네 풍습을 모르는 러시아인들은 왼손에 결혼반지를 낀 걸 보고 이혼한 사람으로 오해할 수도 있을 것이다. 작스에서의 결혼등록 의식은 모두 합해 약 10~15분밖에 걸리지 않는다.

짤막한 결혼 등록 의식이 끝나면 본격적으로 흥겨운 피로연과 사진 촬영 퍼레이드가 펼쳐진다. 신혼부부는 작스에서 나온 뒤, 궁궐과 사원, 공원 등지에서 친구, 가족들과 함께 결혼 사진을 찍는다. 최근 들어서는 러시아 경제가 좋아지면서 고급 리무진을 대여해 모스크바 시내를 누비는 게 유행이 되었다. 신혼 부부가 변치 않는 사랑을 약속하는 유명 코스도 몇 군데 있다. 모스크바 붉은 광장에 있는 참전 용사들의 넋을 기리는 '꺼지지 않는 불' 앞에 꽃을 바치거나, 모스크바 시내가 한눈에 내려다보이는 모스크바대학 앞 참새언덕도 필수 코스다. 저녁에는 양가 부모와 가족, 친지들을 초청해서 결혼식 피로연을 한다. 신혼여행을 떠나는 신혼부부들로 북적이는 한국의 공항은 러시아인들에게는 낯선 풍경일 것이다.

많은 하객, 긴 주례사, 거나한 피로연, 신혼여행 등 한국의 결혼문화와 비교해 러시아의 결혼 풍습은 간소하지만 친지와 친구들의 진심어린 축하를 소중하게 여기고 함께 즐거워하는 작은 축제이다.

러시아인들의 결혼 문화에서 재미있는 풍습이 하나 있다. 같은 숫자가 겹치는 날 결혼식을 치르면 행운이 온다는 믿음이 있어서, 그런 날이 되면 굉장히 많은 수의 결혼식이 거행되는 것이다. 2007년 7월 7일에는 모스크바에서만 1만7천 커플이, 상트페테르부르크에서는 약 2천 커플이 탄생했다. 물론 행운을 가져오는 길일에 결혼한다고 행복한 결혼생활이 보장되지는 않는다. 모스크바시 호적등록과의 한 관계자는, "2007년 7월 7일에 결혼한 커플 중에 몇몇은 결혼 몇 주 만에 이혼하러 왔다."고 밝혔다.

사실 결혼 연령이 낮으니 이혼율도 높다. 2010년 상반기에만 모스크바에서는 3만3천500건의 혼인 신고가 접수됐고 2만4천100쌍이 이혼했다. 이 통계를 일반화할 수는 없지만 상반기만 놓고 보면 이혼율은 70%에 달한다.

이혼의 절차는 아이가 없는 경우 구청에 신청하기만 하면 쉽게 성립되지만, 아이가 있는 경우는 법원을 통한 이혼만 가능하다. 이때의 절차는 법원에 이혼 청구를 하고, 3개월의 조정 기간을 거친후 아이의 양육이나 재산의 분할 등을 고려하여 법원은 이혼을 허가하게 된다. 이혼하고 나서 아이의 양육은 대부분 어머니가 맡고, 아버지는 수입의 25~50%까지 자녀 양육비를 매월 지불해야 하는 법적인 의무를 지게 된다.

이밖에 러시아에는 오래 전부터 사실혼이 만연해 있다. 사실혼이 성행하니 낙태율도 매우 높으며, 이는 인구감소의 여러 원인 중 하나가 된다. 러시아에서 낙태율이 출산율을 추월한 지는 오래 전이다. 2005년에 낙태한 여성은 아이를 낳은 여성보다 무려 10만 명이나 많았다. 게다가 러시아의 출산율과 사망률은 1대 2일 정도로 불균형이 심각하다. 그리하여 한때 3억 명을 자랑하며 중국, 인도에 이어 세계 3위의 인구대국이었던 러시아의 인구는 현재 1억4300만 명으로 급감했다. 러시아 정치권에서는 이러한 추세를 안보 위협으로 간주할 정도로 상황은 심각하다.

출산율 저하는 우리나라를 비롯해 서방선진국들 모두 심각한 문제로 받아들이고 있는데, 러시아는 급격한 인구 감소를 한층 더 심각하게 받아들이는 실정이다. 세르게이 미로노프 러시아 상원의장은 "이런 상황이 계속된다면 2080년 러시아 인구는 5,200만 명으로 줄어든다."며 "더 이상 '위대한 러시아'는 없을 것이며 러시아는 붕괴할 것"이라는 위기감을 드러냈다. 이에 따라 일찍부터 정부는 낙태 및 피임 제한, 가족수당 지급, 유급 출산휴가, 출산에 대한 사회적 태도 개선 등 각종 인구정책을 시행하고 있다.

인구 감소에 대한 전국가적 위기의식은 출산장려 캠페인에서 확인할 수 있다. 모스크바 시내 지하철 역사에서는 부모와 자녀 5명을 뜻하는 7개의 마트료시카(같은 모양의 인형이 양파껍질처럼 담긴 러시아의 전통인형)를 한 데 모아놓고, '조국에 대한 사랑은 가족에서부터 시작된다.'고 외치는 광고를 쉽게 찾아볼 수 있다. 또한 러시아 정부는 2007년부터 아이를 낳을 때마다 장려금을 주는 정책을 시행해왔다.

푸틴 대통령도 "부부당 3명의 아이를 갖게 하는 것이 러시아의 당면 과제"라고 밝힌 바 있다. 이러한 노력 덕택인지, 러시아의 인구는 최근 들어 조금씩 증가하는 추세이다. 2007년 초 1억4280만 명이던 인구가 2012년 인구조사 통계에서는 1억4300만명이 되었다. 물론 이러한 인구증가는 중앙아시아로부터의 이민에 힘입은 바도 있기 때문에 출생률의 증가를 속단할 수는 없다.

러시아 속담에 "전쟁에 나설 때는 한번 기도하라, 바다에 나갈 때 두 번 기도하라."라는 말이 있다. 요즘 러시아에서는 여기에 한 마디 보태, 우스갯소리로 "결혼식을 할 때는 세 번 기도하라."고 한다. 결혼관이나 배우자를 찾는 시각이 한층 신중해져, 결혼 및 출산을 섣불리 결정하고 판단하지 않으려는 추세를 읽을 수 있다. 취업과 실업 문제 같은 각박한 현실 속에 청년층이 짊어진 부담을 반증하는 현상으로, 우리나라의 결혼 추세와도 닮은 점이라 하겠다.

# 3. 러시아 아파트는 다 똑같이 생겼다?

소비에트 연방이 사라진지 오래지만 구소련의 유산은 여전히 잔존한다. 러시아 신문 이즈베스티야에 따르면, 절대 다수의 러시아인이 개인공간이 없는 좁은 집에서 생활한다. 이에 러시아 정부는 저가의 개인주택을 대규모로 공급하는 건설계획을 발표한 바 있다.

러시아인들이 좁은 주택에서 사는 것은 어제 오늘의 일이 아니다. 광활한 영토에도 불구하고, 아이러니하게도 러시아인들이 넓은 주택을 소유한 사례는 역사적으로 드물다. 주거용지가 광활한 국토면적의 1%도 채 안되기 때문이다. 고대 러시아인들은 이즈바라고 부르는 통나무 주택에서 주로 거주했는데, 이는 나무가 많던 자연환경에서 비롯되었다. 이즈바의 평균 크기는 4m×4m, 혹은 5m×5m정도였다. 부농의 이즈바도 대략 8m×9m 정도였다. 당시 러시아 농부들이 대가족을 이루어 생활한 점을 고려한다면 이는 결코 넓은 것은 아니었다. 지리적으로 대륙의 북부에 위치한 러시아는 길고 긴 추운 겨울을 지내는 게 생존의 관건이었고, 그에 따른 대응책으로 등장한 게 이즈바 주택의 벽난로(페치카)였다.

이즈바의 1/4 정도를 차치한 벽난로는 러시아 농민의 삶에서 중요한 역할을 했다. 여기에서 빵을 굽고, 음식을 만들고, 가축의 여물을 만들고, 옷을 말리며, 겨울에는 닭도 키우고, 심지어 잠도 이곳에서 잤다. 페치는 주로 점토질 진흙으로 만들어졌고 연기가 배출되는 연통이 없었다. 연기는 방문을 통해 빠져나가도록 되어있었으므로, 집안 내부는 환기상태가 좋지 못했다.

3. 러시아 농민의 이즈바

　이즈바 내부는 오늘날의 원룸처럼 하나의 공간으로 이루어
졌고, 이 공간을 구분하기 위해 구석(우골)이라는 말이 사용되
었다. 이러한 구석 중 가장 중요한 구석이 벽난로와 대각선 방
향에 위치한 '아름다운 구석'(크라스느이 우골)이다. 이곳의
위쪽 벽면에 성상화가 걸려있었다. 이곳은 집안에서 가장 성
스러운 장소로서 가족의 식사, 결혼 축하연, 세례 행사, 심지
어 장례의식도 이곳에서 치러졌다.

4. 이즈바의 내부. 왼쪽 상단에 성상화가 걸려있다.

　러시아의 전형적인 농가는 19세기 말에서 20세기 초 도시
문화의 영향으로 점차 그 구조가 변화하기 시작했다. 1960년

부터 모스크바와 페테르부르크와 같은 대도시에 대규모 아파트 단지가 건설되기 시작했다. 1970년대 말부터 20층 가까이 되는 고층 아파트들이 들어서면서 도시의 모습이 한층 변화하였다. 오늘날 70% 이상의 러시아 인구가 도시에 거주하고 있다.

특히 모스크바나 페테르부르크 같은 대도시에 단독주택은 거의 없다. 우리 식의 단독주택에 가까운 개념으로는 부유층이 거주하는 '코테쥐'와 '다차'라고 부르는 주말농장이 있다. 코테쥐는 대개 호화롭게 지어진 2층, 3층집이다. 아파트와 재래식 개인집의 구조가 획일적인데 반해, 코테쥐는 소유주의 취향을 따라 설계되며 외관미가 돋보인다.

러시아는 산업화가 급속히 추진된 60년대 이후 계속적인 농촌인구의 도시 유입으로 대도시 인구가 급속히 증가했으며 이에 따라 러시아 대도시의 주택 사정은 열악한 형편이다. 1인당 주거 면적이 협소하고 다수의 주택이 방 1~2개 규모의 소형주택이었다.

오늘날도 러시아 아파트는 대개 비슷한 구조를 가지고 있다. 한국의 아파트가 평수를 가지고 그 크기를 따지는 것과 달리 러시아는 주로 방 한 개, 두 개, 세 개 짜리 아파트 하는 식으로 그 크기를 가늠한다. 대부분의 러시아 아파트가 문을 열고 들어가면 문 옆에 화장실과 세면실이 있다. 우리나라의 아파트와 달리 러시아 아파트에는 세면장과 화장실이 분리되어 있는 게 특징이다. 그리고 수납공간이 최대한 마련돼 있는 것도 특징인데, 심지어 화장실 변기 위의 빈 공간에도 수납장이

들어간다.

화장실 앞에는 주방이 있다. 러시아인들이 가장 많은 시간을 보내는 주방은 단순히 음식조리와 식사의 장소가 아니라 친교와 대화의 장소이다. 러시아인들은 식탁을 마주하고 오래오래 차를 마시며 세상사는 이야기 나누는 걸 무척 좋아한다.

주방 옆에는 거실 겸 침실이 있다. 우리나라로 치자면 안방의 개념에 가까운 공간이다. 이곳의 소파는 침대 겸용으로 접었다 폈다 할 수 있는 것으로 거실과 침실 두 가지 기능을 맡은 이 방의 용도를 충족시킨다. 또한 많은 러시아 가정의 거실 벽에는 카펫이 걸려있는데 한기를 막는 난방 역할 뿐 아니라 집 주인의 부의 정도를 보여주는 척도가 되기도 한다. 현대식 아파트 내부에서 '성스러운 구석' 의 위치가 뚜렷이 정해져 있지는 않지만 거실의 한 구석에 성상화가 걸린 경우가 많다.

증가하는 범죄율로 인해 러시아에서는 아파트 출입문에 2, 3중 혹은 4중 잠금 장치를 부착하며 밖에 누가 서있는지 확인할 때까지는 절대로 문을 열어주지 않는다. 그러므로 러시아 가정을 방문할 때에는 사전에 전화를 걸어서 곧 찾아갈 것이라고 일러두는 게 좋다.

오늘날 러시아는 막대한 오일머니를 등에 업은 경제성장 덕분에 부동산 가격이 큰 폭으로 급등했다. 모스크바와 상트페테르부르크 등에는 외국 자본의 부동산 투자가 봇물을 이루고 있다. 대도시뿐 아니라 지방 중소도시까지 속속 주택수요가 높아져감에 따라 건설 붐이 일고 있다. 부동산 시장이 활기를 띠면서 대도시 주거지의 $m^2$당 가격도 폭등했다. 중국의 5개

국영기업 연합체는 상트페테르부르크 외곽 지역에 13억 달러 규모의 개발 사업을 진행 중이며, 모스크바 인근 도시에선 아랍에미리트연합(UAE)의 부동산 자본이 11억 달러짜리 프로젝트를 진행하고 있다. 세계 최고 수준을 자랑하는 한국의 아파트 건설업체들도 러시아에 진출한 상태이다. 한국식 아파트 구조가 러시아에서 자리를 튼다면, 러시아인들의 주거 패턴에 새바람이 불 지도 모를 일이다.

# 4. 식탁위의 다문화

러시아는 오랜 세월 외래문화를 창조적으로 수용하여 자신의 문화 속에 잘 융화시켰다. 대표적인 예로 음식문화를 들 수 있다. 러시아의 음식문화에 영향을 미친 최초의 외국인은 스키타이인들이었다. 이들이 바로 러시아인들에게 밀가루 반죽의 발효법을 처음 알려준 장본인들이다. 비잔틴과의 무역을 통해서는 톡 쏘는 얼얼한 맛의 향료, 쌀, 메밀이 러시아로 들어왔다. 동양으로부터는 '차이(茶)'와 '펠메니'라고 부르는 만두가 건너왔다. 불가리아를 통해서는 고추, 가지 등 이국적 채소가 수입되었고, 터키 음식문화도 불가리아를 통해 유입되었다. 이밖에 폴란드, 체코와 같은 서슬라브 국가의 음식문화로부터도 큰 영향을 받았는데 바로 이들 국가들로부터 러시아의 국민 수프 '보르쉬' 그리고 '골루브'라 불리는 고기쌈 요리가 수입되었다.

5. 러시아식 만두 필메니

종교도 러시아 음식문화에 큰 영향을 끼쳤다. 10세기 말 블라디미르 대공이 정교를 국교로 받아들인 이후, 러시아 달력에는 금식일과 비금식일이 등장했다. 일 년 중 200일이 넘는 금식기에는 육류, 버섯, 우유 등을 금했으며 비금식기에는 생선을 주로 먹었다. 이러한 금식기의 전통을 받아 소금절인 오이, 말린 버섯, 식초에 절인 양배추 등 독특한 음식이 만들어졌으며, 산딸기, 엉겅퀴, 명아주 같은 다양한 풀이 재료로 사용되었다.

240년간 지속된 몽골—타타르족의 러시아 지배도 러시아의 음식문화에 큰 영향을 끼쳤다. 이들을 통해 동양음식이 러시아에 처음으로 등장했다. 발효되지 않은 밀가루 반죽으로 만든 국수나 만두 같은 동양음식이 최초로 소개되었으며 러시아인들이 사랑해 마지않는 '차이'도 이때에 러시아에 소개되었다.

6. 다차에서 차이를 마시는 러시아인들

18세기 표트르 대제의 서구화 정책은 러시아에 갖가지 서구의 요리법을 소개한 계기가 되었다. 표트르 대제시기부터 러시아 귀족들은 서구의 문화를 숭배하기 시작했다. 특히 부유한 귀족들은 서유럽에서 요리사를 초빙해 가정에 유럽 요리를 일상화시켰다. 이 시기에 각종 저장 음식들이 등장했고 비프스테이크, 랑게트, 슈니첼, 불리온-콘소메 등 이국적인 음식들이 러시아 음식문화에 유입되었다.

18세기까지 러시아의 음식은 그리 다양하지 못했다. 러시아에서는 주로 페치카라고 부르는 벽난로에서 음식을 조리했다.

페치카에서는 불의 세기를 조절하기가 어려워 조리법이 단순해졌으며 다양한 재료를 혼합하는 음식이나 재료를 얇게 썰어서 사용하는 조리법도 발전하지 못했다. 또한 러시아 사회 전반에 걸친 교회의 강력한 영향으로 인해 1년 중 많은 날을 차지하는 금식일에 먹을 수 있는 음식들이 제한되었다. 그러나 18세기 러시아로 건너온 프랑스의 요리사들은 다양한 주방기구를 소개하고 정확한 양의 재료를 썰어서 섞는 방법을 가르쳤다. 프랑스 요리사들은 러시아의 음식문화 발전에 지대한 업적을 남긴 공신들이었다.

이 시기에 감자는 러시아의 국민 음식이 되었다. 감자가 러시아에 유입된 경로에 대해서는 다양한 설이 있는데, 표트르 대제 이전 시기에 캄차트카, 시베리아, 우랄 등 러시아 북부지방을 경유하여 러시아 본토로 유입됐다는 설이 정설로 인정된다. 감자로 조리한 음식은 러시아 식단에서 큰 인기를 얻었다.

1812년 조국전쟁 이후 애국주의가 발호하면서, 순수한 러시아 민족 음식에 대한 관심이 높아졌다. 그러나 이미 상당수의 러시아 전통음식은 그 조리법이 상실되어 더 이상 만들지 못하게 되었다. 18세기에 만들어진 조리서에도 프랑스 음식에 대한 자세한 설명은 있어도 러시아 음식에 대한 설명은 찾기 어렵다. 그 이유인즉슨 '러시아에 사는 여인이라면 이쯤은 당연히 알고 있을 것' 이라는 생각에서였다고 한다. 여하튼 이 시기에 이르러 오늘날 현대 러시아 식문화가 틀을 갖추게 되었다.

소비에트 시기에는 만성적인 식재료의 부족으로 러시아 음식문화는 다시 단조로워지기 시작했다. 반면, 다른 민족 공화국들의 다채로운 음식문화의 영향을 받아 새로운 음식들이 등장하기도 했다. 이 시기 시베리아의 펠메니, 카자흐의 만티, 우즈베크의 플롭, 카프카즈의 샤슐릭 등이 러시아 음식문화에 뿌리를 내렸다.

앞에서 살펴 본대로 오늘날 러시아 음식문화는 다른 민족들의 음식문화를 적극적으로 받아들이는 개방성과 그것을 러시아식으로 소화하는 창조성을 바탕으로 완성되었다. 수용과 융화야말로 러시아 음식 문화의 최대 장점이라 하겠다.

# 5. 러시아인들의 하루 세끼

척박한 자연환경과 대비해 볼 때, 러시아에는 상당히 맛좋은 음식들이 많다. 러시아인들이 먹는 가장 일상적인 음식을 몇 가지 소개한다. 우리가 매일 밥과 국을 먹듯이, 러시아인들은 매일 빵과 수프를 먹는다. 빵 가운데에서도 러시아인들은 단연 흑빵을 좋아한다. 흑빵은 다른 나라에서는 그다지 인기가 없지만, 러시아에서는 한국인이 밥을 찾듯 없어서는 안 될 중요한 음식이다.

러시아에서 호밀은 9세기에 등장했으며, 흑빵은 곧 러시아인의 주식이 되었다. 흰 빵은 훨씬 후에야 굽기 시작했으며, 20세기 초에서야 널리 퍼졌다. 호밀은 춥고 찬 냉대성 기후와 메마르고 척박한 땅에서도 잘 자라는 곡물이다. 그래서 러시아, 독일 등지에서 호밀이 많이 재배되었고, 이 지역 사람들이 특히 호밀 빵을 애호하게 되었다. 호밀 빵을 만드는 과정에서 호밀가루의 비율이 높을수록 빵의 색깔이 흑색으로 변하기 때문에 흑빵이라는 이름을 갖게 되었다. 호밀 빵에는 사워 종種을 사용하는데 사워 종은 반죽에 탄력성과 호밀 빵 특유의 향과 부드러운 신맛을 갖게 한다. 호밀 빵이 러시아인들에게 큰 사랑을 받게 된 중요한 요인이 바로 이 시큼한 맛에 있다.

7. 러시아 흑빵

러시아인들은 흑빵을 잘라서 수프에 조금씩 적셔 먹는 걸 좋아한다. '수프'라는 단어 자체는 18세기 러시아가 서구의 문화를 적극적으로 수용하던 시기에 들어온 차용어이다. 이 전까지 수프는 '훌훌 들이마시다'라는 의미의 흘료보바라고 불리었다. 흘료보바는 쉬, 우하, 솔랸카, 보르쉬 등으로 나뉜다. 가장 대중의 사랑을 받았던 것은 쉬인데, 그 종류만 해도 고기, 생선, 버섯 등 들어가는 재료에 따라 60가지가 넘는다. 러시아의 국민 수프 보르쉬는 쉬의 한 종류이다. 겨울철 여행객들이 노상에서 쉬를 먹을 수 없을까봐 얼려서 지니고 다녔다는 이야기가 전해질 정도로 러시아인들의 수프 사랑은 각별하다. 또한 1812년 나폴레옹의 프랑스 군대와 전쟁할 때, 러시아 병사들은 시큼한 쉬가 그리워서 식초에 절인 포도 잎을 넣고 쉬를 끓여먹었다는 일화가 남아있다. 오늘날에도 남녀노소를 막론하고 쉬는 러시아인의 식단에 꼭 등장해야 하는 음식이다.

쉬만큼이나 러시아인들이 사랑하는 음식으로는 카샤(죽)가 있다. 카샤는 원래 제식용으로 사용되던 음식이었다. 17세기에는 카샤가 '잔치'와 동의어로 사용될 정도였다. 그러나 점차 특별한 제식용 음식이라는 의미를 잃으면서, 카샤는 러시아의 일상음식으로 자리 잡았다. 카샤는 민초에서 황제에 이르기까지 러시아인의 폭넓은 사랑을 받았다. 1883년 니콜라이 2세 대관식에 참석한 손님들도 보리 카샤를 대접받았다는 기록이 있다.

이밖에 러시아에서 가장 오래된 음식으로 블린이 있다. 블린은 둥근 팬케이크인데, 카샤처럼 제의용 음식이었다. 오늘날 러시아인들은 축일이 아니더라도 블린을 구워서 캐비어, 스메타나, 생선, 고기, 버섯 등 다양한 내용물을 넣고 먹는다.

8. 캐비어가 들어간 블린

이밖에 러시아인이 좋아하는 전분 음식으로는 피로그라고 불리는 파이가 있다. 피로그는 고대 러시아에서 전해 내려오는 오랜 전통을 자랑하는 음식이다. 오늘날에도 피로그는 축제나 가정행사가 있는 날에 굽는데, 피로그라는 이름 자체도 잔치라는 뜻의 '피르'에서 기원했다. 피로그 역시 고기, 생선, 우유, 계란, 트보록, 버섯, 죽, 양배추 등 매우 다양한 속을 넣어서 만든다. 꿀이나 쨈 등 단 속을 넣은 피로그는 디저트로도 사용되었다.

그럼 이러한 음식을 러시아인들은 하루 세끼 어떻게 나누어 먹을까? 아침 식사는 제법 거창해서 쨈을 넣은 블린, 얇게 썬 치즈, 차가운 햄, 계란 프라이, 오믈렛이나 카샤와 커피, 주스 등을 마시고 먹는다.

점심은 대개 1시에서 2시쯤 먹는다. 요즘은 러시아에서도 다양한 서양식 패스트푸드점이 많이 생겼으므로 러시아 직장인들은 점심 식사를 가볍게 해결하는 경우가 많다. 러시아인과 함께 식사하게 된다면, "프리야트노보 아페티타(맛있게 잡수세요)"라는 말을 해주자. 그러면 당신은 센스 있고 상대방을 배려할 줄 아는 사람으로 여겨질 것이다. 저녁식사는 오후 7시나 8시쯤 시작한다. 제대로 된 저녁 정찬 요리는 자쿠스카부터 서빙된다. 자쿠스카란 애피타이저처럼 식욕을 돋우기 위한 음식으로 주로 캐비어, 샐러드, 절인 오이 등이 나온다. 2차 코스에는 다양한 수프가 나오고 그 다음에 고기나 생선에 감자, 밥을 곁들인 메인 디쉬가 나온다. 디저트로는 아이스크림이나 '콤포트'(설탕에 절인 과일)가 나온다.

하루 세끼 외에도 러시아인들은 티 브레이크를 대단히 즐긴다. 러시아는 1인당 차 소비량이 영국에 이어 2위이다. 러시아인 중 절반 이상이 하루에 5잔 이상의 차를 마신다. 러시아인들은 주로 홍차를 마시는데 직접 찻잎을 우리기보다는 티백을 사용한다. 전통적으로 차를 끓이기 위해서는 '사모바르'라고 불리는 포트를 사용했다. 사모바르는 금속으로 된 큰 통인데 그 안의 실린더에 뜨거운 숯을 넣어서 물이 끓도록 했다. 러시아인들은 이렇게 우려낸 쓴 맛의 차와 함께 초콜릿이나 설탕을 조금씩 깨물어 먹으며 단맛을 즐긴다.

근래에는 수년 간 경제 발전을 통해 여유로운 생활을 누리는 사람이 늘어나면서, 동양음식에 대한 관심이 매우 높아졌다. 특히 일식은 러시아에서 고급스러운 이미지를 확실히 구축하면서, 하나의 문화 코드로 자리 잡았다. 러시아어 발음으로 '수시'라 부르는 초밥은 현지인에게 동경의 대상이다. 소위 재력 있는 엘리트라면 일식당에서 수시를 즐겨야 한다고 인식되고 있다. 한식도 건강식이라는 이미지를 쌓아가며, 러시아인들에게 점차 인기를 모으는 추세이다. 근래 들어서는 러시아인들의 입맛에 맞춰 개발된 퓨전 한식보다도 본토의 매운 한국음식을 선호하는 경향이 높아졌다. 이런 추세에 발맞춰 젓가락 사용법에 대한 현지인들의 관심 또한 높아지고 있다. 젓가락 사용이 중상류층의 트렌드가 되면서, 젓가락 사용법을 모르면 해당 계층에서 어울리기 어려운 실정이 되어간다.

이와 같이 다양한 외국 음식이 러시아에서 인기를 얻고 있지만 세월의 변화에도 달라지지 않은 게 한 가지 있다. 한식이든 일식이든 러시아 음식이든, 식탁을 사이에 두고 가까운 이들과의 여유로운 대화를 곁들여가며 느긋하게 식사를 즐기는 러시아인들의 전통은 아직도 그대로이다.

# 6. 요람에서 무덤까지 국가가 책임지던 시절은 갔다

러시아 국민들은 과거 사회주의 체제의 잔재로 인해 다양한 사회보장제도의 혜택을 누리고 있다. 연금생활자, 장애인, 학생, 퇴역군인 등 매우 많은 수의 국민들이 대중교통을 일반인보다 싼 값에 이용하며 무상의료서비스의 혜택을 누리고 전기요금 같은 공공요금과 공연장 티켓을 살 때도 할인을 받는다. 특히 옛 소련 시절부터 수천만에 달하는 연금 수혜자들과 전쟁 상이군인들은 대중교통 및 의료, 주거, 전기, 수도세 등에서 면제 혜택을 받았고, 납부한다 해도 상징적인 금액만 지불하는 데 그쳤다.

이처럼 러시아의 복지정책은 가히 국민의 삶을 요람에서 무덤까지 책임지는 수준이었다. 러시아 복지정책의 뼈대는 소비에트 시기에 형성되었다. 소비에트는 무엇보다도 튼튼한 유아교육 인프라를 자랑했다. 그 당시 가장 유행하던 슬로건은 '가장 최상의 것은 아이들에게로'였다. 보육의 질은 높았고 가격은 저렴해서 모든 국민이 부담 없이 사용할 수 있었다.

물론 유아보육시설이 전 국가적으로 확충된 데에는 사회주의 국가 특유의 결혼관과도 연관이 있었다. 레닌은 평등한 사회 구현을 위해 여성해방은 훌륭한 본보기가 될 것이라고 강조했다. 이러한 주장에 부응하기 위해 소비에트 사회는 여성이 경제발전에 기여하는데 있어서 가족이 걸림돌이 되지 않도록 공공식당, 탁아소 등 사회 편의시설의 개발에 집중했다. 또한 소비에트형 인간을 양육하는 데 유아보육시설이야말로 가정보다 훨씬 효율적인 장소라 판단했기 때문이다.

9. 소비에트의 보육시설

의료서비스도 사정은 마찬가지이다. 과거 사회주의 계획경제체제하에서 소련은 모든 의료자원을 국유화·중앙 집중화하고, 전 국민에 대한 보편적 의료서비스를 무상으로 제공하였다.

그러나 이러한 전폭적인 사회 보장 제도는 국가 재정에 엄청난 부담이 되어왔다. 체제 전환 이후 러시아에서는 의료자원의 국유화와 무상의료원칙을 유지하면서도 의료보장 책임을 분권화시키고 재원 확보의 다원화를 위해 의료보험제도를 도입했다. 신자유주의 시장경제론자들은 무상의료 원칙 포기, 의료자원의 민영화를 주장하였다. 그러나 러시아 보건당국은 무상의료 원칙을 고수하고 의료자원의 국·공유화 유지를 주장하여 결국 절충형 개혁 모델이 탄생했다. 그러나 그 결과 공식, 비공식적인 경로로 환자 부담이 증가하게 되었다. 그리하여 2005년 초 당시 푸틴 대통령은 오랜 기간 국가의 골칫덩이였던 사회보장제도의 전면적인 개혁을 단행했다. 새 법안에 따르면 버스와 전철에서 병원 진료, 투약에 이르기까지 각종 무료 복지혜택이 사라지는 대신 월 450루블(약 17,000원)의 기본금에 등급별로 650~1,550루블(약 25,000~57,000원)의 추가금이 지급된다.

물론 국민의 반대는 거셌다. 개혁안 반대론자들은 보조금이 평균 약값에도 못 미치는 턱없는 수준인 데다 러시아의 높은 인플레이션을 반영하면 현실을 무시한 처사라고 강력 반발했다. 무엇보다도 노년층의 반발이 컸다. 갑자기 바뀐 자본주의 체제에 적응하지 못하고 하루아침에 빈곤층으로 전락했기 때

문이다. 루블화 폭락과 인플레이션으로 인해 연금이 휴지조각
이 되면서 생계를 꾸리기조차 어려워졌는데, 그나마 유지되어
오던 각종 사회보장마저 없어지다니 억울할 일이다.

10. 러시아의 연금생활자 노인들

공립 유아보육시설의 경우, 개혁 이후 경제난이 심각해지자
정부는 예전 같은 재정지원을 하지 못하게 되었고, 그 결과 이
시설들의 외형적 질은 급격히 떨어졌다. 국가가 제공하는 보
육서비스에 만족할 수 없는 대도시의 부유한 부모들은 값비싼
사립유치원에 아이들을 보내기 시작했다. 그러나 그럴 형편이

되지 않는 부모들은 저렴한 가격의 공립유치원의 치열한 입소
경쟁을 뚫어야 한다.

　오늘날 러시아는 2000년부터 6%대의 고성장과 고유가에
따른 부의 증대로 세계 3위의 외환보유국가가 되었다. 낡고
음습했던 건물들은 화려한 외관으로 변모되었으며, 초현대식
의 대규모 아파트와 쇼핑몰이 우후죽순 들어선다. 모스크바나
페테르부르크와 같은 대도시의 외관만 보면, 러시아는 개혁의
후유증을 극복하고 명실상부한 강대국의 위상을 되찾고 있는
것 같다. 그러나 이러한 외형적인 발전에도 불구하고 러시아
의 내면에는 구조적인 빈부격차 및 인구감소, 알코올 중독자,
마약중독자, 복지 혜택을 받지 못하는 노약자 등 사회적인 문
제들이 산재해 있다. 이제 러시아에게 필요한 과제는 외형적
인 성장 지표가 아니라 내면적인 건전성에 있으며, 복지의 증
대에 중점을 두어야 할 때이다.

# 7. 교육열

러시아의 초등교육과정은 11년제이다. 입학 연령은 만 6~7세이고, 입학한 학생들은 대부분 11년 동안 같은 학교에서 공부한다. '슈콜라'라고 불리는 러시아의 초등학교는 대부분 국가가 운영하는 공립학교지만, 최근 시장경제가 도입되면서 김나지움, 리체이 같은 사립학교가 늘어가는 추세이다. 이들 사립학교는 고액의 비용을 지불하는 대신, 학생 개개인에 대한 맞춤 교육 및 외국어를 비롯한 엘리트 교육을 보장한다고 홍보한다. 러시아 정부도 부유한 가정의 자녀가 해외에 나가서 유학할 경우 유출되는 달러를 줄이기 위해 국내에 다양한 사립학교의 개설을 독려하는 실정이다.

러시아의 슈콜라는 초등과정, 중등과정, 고등 과정이 있다. 초급과정은 1학년부터 3학년까지, 중등과정은 5학년부터 7~8학년까지, 고등과정은 9학년부터 11학년까지이다. 초등과정은 음악, 미술, 체육 같은 교양교육을 하는데 초점을 맞춘다.

중등과정에서부터 본격적인 외국어 수업이 도입된다. 외국어
는 영어, 불어, 독일어가 대부분이다. 주요과목으로는 국어(러
시아어), 역사, 수학, 과학, 물리, 음악, 미술, 체육 등이 있는
데, 모든 과목이 교사의 일방적인 강의가 아니라 학생들의 발
표와 토론을 유도하는 방식이다.

11. 슈콜라 수업



이렇게 9학년을 마치면 학생들이 구체적인 진로를 결정할
시기가 온다. 선택할 수 있는 진로에는 우리식의 인문계와 실

업계가 있다. 실업계를 거쳐 사회로 진출하기를 희망하는 학생들은 슈콜라의 9년 과정을 마치고, 실업학교(콜레쥐, 테흐니쿰)에서 2년간 전문기술을 익힌 후 본격적인 사회생활을 시작한다.

그러나 대부분의 러시아 학생들은 대학 진학을 희망한다. 러시아에서 고등교육이란 오랜 세월 삶의 수준을 결정하는 주요 요소로 작용했다. 시대를 막론하고 러시아에서는 고등교육을 받은 자만이 고위관직을 차지할 수 있었기 때문이다. 물론 1990년 페레스트로이카 초반에는 고등교육에 대한 흥미가 크게 떨어졌다. 민첩한 젊은이들은 사회 혼란을 틈타 대학 졸업장 없이도 큰돈을 벌 수 있는 사회 분위기가 조성되었기 때문이다. 그러나 시간이 흐르면서 사회가 안정화되자 고등교육은 다시 신분상승의 수단이 되었다.

고등교육기관의 수가 많지 않던 소비에트 시기에 대학 졸업장은 어느 정도 삶의 질을 보장했다. 그러나 개혁 이후 러시아에는 온갖 종류의 대학, 전문학교, 아카데미가 우후죽순으로 생겨났다. 그리하여 오늘날 러시아는 구직자가 어떤 학교를 졸업했는지, 그리고 그의 전공이 무엇인지가 취업을 결정하는 데 큰 영향을 미친다. 그렇다면 오늘날 러시아 대학생이 가장 선호하는 전공은 어떤 것일까?

러시아 최고의 명문대학인 모스크바 국립대학교에는 현재 2만6천명의 학부생과 7천명의 대학원생 그리고 2천명의 외국인 학생이 수학하고 있다. 모스크바 국립대학교에서 가장 입학경쟁률이 높은 전공은 외국어 학부, 법학부, 경제학부이다.
이들 학부의 졸업생들은 취업에 가장 많은 혜택을 받는다.

12. 모스크바 국립대학교



　명문대학의 경쟁력 있는 학과에 진학하기 위해 러시아에서
도 치열한 입시경쟁이 존재하며, 입시경쟁에서 살아남기 위해
사교육도 극성이다. 사회주의의 잔재가 강하게 남은 러시아에

서 사교육은 없을 거라 예상하기 쉽지만 속단은 금물이다. 명문대를 희망하는 학생들이 유명 교수나 강사를 통해 과외를 받는 사례가 증가하는 추세다. 게다가 러시아는 대학입시를 정부가 관여하지 않고 대학 당국이 자체적으로 실시하고 있기 때문에, 입시 선발위원들은 해당 학과의 기초 지식을 사전에 어느 정도 알고 있는 학생들을 선발하기를 원한다. 그런저런 이유로 금전적 여유가 있는 부모들은 자녀의 대학입시를 위해 고액 과외를 마다하지 않는다.

집중적인 사교육에도 불구하고 자녀가 명문대학에 합격하지 못한 경우라도 아직 기회는 있다. 많은 러시아 대학이 새로 도입한 유상교육제도라는 것이 있기 때문이다. 러시아에서 교육은 기본적으로 무료이다. 그러나 개혁 이후 러시아의 국립대학들은 재정적 어려움을 해결하기 위해 부분적 유상교육제도 혹은 기부금 입학 제도를 신설했다. 즉 입학시험에 통과한 학생들은 무상교육의 혜택을 누리되, 입학시험을 통과하지는 못했어도 충분한 학습능력을 증명한 학생들은 학교의 동의를 얻어 유상교육 코스를 선택할 수 있는 것이다. 신흥 러시아에서 새로이 부를 구축한 부모들은 명문대학에 자녀를 입학시키기 위해 기꺼이 많은 학비를 지불한다.

오늘날 러시아 대학생들의 가장 큰 목적은 돈을 잘 버는 직업을 구하는 것이다. 소비에트 시기 대학생들은 사회에 도움이 되는 일을 하고 싶다는 다소 공익적인 목표를 가지는 경우가 많았다면, 오늘날 러시아 대학생들은 훨씬 현실적인 면모를 보인다. PR, 문화 간 커뮤니케이션, 경영학과 같은 과목에

수강생들이 주로 몰리는 반면, 기초 과학 이론 같은 학구적인 강좌는 폐강되는 추세에 있다.

러시아는 기초과학의 강국이라는 명성을 오랫동안 유지한 나라이다. 그러나 살펴본 바와 같이 대학에서 실용성 위주의 전공 편중화 현상이 짙어졌고, 이러한 상황이 계속된다면 우리나라처럼 과학자라는 직업은 기피 대상이 될지도 모른다.

# 8. 러시아어, 정말 어려울까요?

　어느 나라나 마찬가지이겠지만, 러시아에 온 외국인이 러시아어를 조금이라도 구사한다면, 현지 생활이 훨씬 수월해 질 것이다. 그런데 러시아어를 배워본 사람들 대다수가 러시아어가 영어, 중국어, 일본어 보다 배우기 어렵다고들 한다. 러시아어는 왜 이렇게 어렵게 느껴지는 것일까?

　우선 러시아어는 계통적으로 한국어와 전혀 다른 어족에 속한다. 러시아어는 슬라브어족에 속하며, 슬라브어는 기원전 2,000년경에 인도유럽어로부터 분리되었다. 한국인들이 비교적 익숙한 영어는 게르만어족에 속하는데, 게르만어와 슬라브어는 모두 인도유럽어로부터 분리된 형제어라고 할 수 있다. 그러나 슬라브어와 게르만어가 상이한 발전 양태를 보인지 이미 4,000년이 넘었으므로, 이 두 언어의 문법구조 또한 많은 차이를 지닌다.

　러시아어를 낯설게 하는 또 다른 이유는 철자에 있다. 우리에게 익숙한 영미권 언어들이 대부분 라틴 문자를 사용하는 것과 달리, 러시아어를 비롯한 대부분의 슬라브어는 키릴 문자를 사용한다. 최초의 슬라브 문자인 키릴 문자는 9세기 말 동방정교를 선교하기 위해 비잔틴으로부터 모라비아 공국(오늘날 체코)에 파견된 수도사 키릴과 메포디에 의해 만들어졌다. 그들은 슬라브어로 기독교를 전파, 설교하기 위해 그들이 살았던 살로니카 지방에서 사용되던 불가리아 지방어를 토대로 최초의 슬라브 문자를 만들었고, 이 문자로 성서와 교회서들을 번역하는 한편, 슬라브어로 교회 의식을 거행하고 제자들을 육성했다. 이는 성경이 히브리어, 그리스어, 라틴어 등 3개의 신성한 언어로만 번역될 수 있다는 당시의 고정관념을 깨뜨린 혁신적인 업적이었다.

13. 키릴 문자의 창제자인 키릴과 메포디 형제

　키릴과 메포디 사후, 그들의 제자는 대부분 불가리아로 건너가서, 성서 번역 작업을 계속했으며 초기에 만들어진 문자를 슬라브어의 특색에 맞추어 보완해 나갔다. 그리고 스승인 키릴의 업적을 기리기 위해 이 문자에 '키릴'이라는 이름을 붙였다. 이 문자는 후에 많이 수정되기는 했지만 오늘날 사용되는 키릴 문자의 토대가 된 것은 분명한 사실이다.

　이밖에 러시아어가 어렵다는 인상을 주는 또 다른 이유는, 대단히 형태적인 문법 규칙 때문이다. 러시아어는 다른 인도유럽어에서 사라지거나 많이 간소화된 격변화 및 인칭변화 같은 문법 규칙이 남아있다. 예를 들어, 러시아어에서 명사는 독일어나 프랑스어처럼 성을 갖는다. 명사마다 남성, 여성, 중성이 정해져 있는 것이다. 명사를 수식하는 형용사도 명사처럼 3개의 성을 가지며, 형용사의 어미는 그 성에 따라 변화한다. 또한 한국어의 보조사 기능을 러시아어에서는 명사의 격변화가 대신한다. 우리나라에서 목적어는 '-을', '-를'이 붙는 대신, 러시아어에서는 명사가 목적어로 사용되기 위해서 어미가 바뀐다. 예컨대, 책이라는 뜻의 여성명사 '크니가'는 목적어의 위치에서 '크니구'가 된다. 이러한 격이 6개이다.

　이처럼 러시아어가 어렵다는 인식은 상당 부분 우리가 기존에 알고 있던 외국어와 다르기 때문이다. 그러나 러시아어는 매우 정교하고 체계적인 언어이므로 상대적으로 예외가 적고, 그렇기 때문에 문법규칙만 잘 익히면 쉽게 말문이 터질 수 있는 언어이다. 또한 러시아어는 영어와 달리 단어의 철자와 실제 발음 사이에 차이가 거의 없으므로, 알파벳과 주요한 몇 가지 발음 규칙을 익히면 금방 러시아어를 읽을 수 있다.

## THE CYRILLIC ALPHABET

| Cyrillic Letter | | English Letter | | Cyrillic Letter | | English Letter | |
|---|---|---|---|---|---|---|---|
| А | а | A | a | Р | р | R | r |
| Б | б | B | b | С | с | S | s |
| В | в | V | v | Т | т | T | t |
| Г | г | G | g | У | у | U | u |
| Д | д | D | d | Ф | ф | F | f |
| Е | е | Ye, E | ye, e | Х | х | Kh | kh |
| Ж | ж | Zh | zh | Ц | ц | Ts | ts |
| З | з | Z | z | Ч | ч | Ch | ch |
| И | и | I | i | Ш | ш | Sh | sh |
| Й | й | Y | y | Щ | щ | Shch | shch |
| К | к | K | k | Ъ | ъ | (") | (") |
| Л | л | L | l | Ы | ы | Y | y |
| М | м | M | m | Ь | ь | (') | (') |
| Н | н | N | n | Э | э | E | e |
| О | о | O | o | Ю | ю | Yu | yu |
| | | | | | | | |

14. 키릴 문자와 라틴문자 음가 대조표

# 9. 러시아어의 과거, 현재, 그리고 미래

러시아어의 역사를 간략하게 살펴보면, 다른 나라와 마찬가지로 언어의 변화가 사회의 역사적 변화와 밀접히 연관됐음을 알 수 있다. 기원적 2,000년경 슬라브어가 인도유럽어로부터 분리된 후, 슬라브어는 오랫동안 공통된 언어의 형태를 유지했다. 그러나 기원 후 5세기 경 부터 초원지대 유목 민족의 침입으로 시작된 슬라브족의 대이동으로 인해 슬라브어는 오늘날 동, 서, 남슬라브어로 분화되었다. 동슬라브어에는 러시아어, 우크라이나어, 벨라루스어가 속하며, 서슬라브어에는 폴란드어, 체코어, 슬로바키아어가 있으며, 남슬라브어에는 세르비아어, 크로아티아어, 불가리아어 등이 포함된다.

이후 러시아의 최초 국가인 키예프 루시의 블라디미르 대공이 동방 정교를 받아들인 후, 러시아는 키릴 문자를 사용하는 슬라브 세계의 정교 문화를 이끄는 주도적인 국가가 된다. 이 당시는 아직 동슬라브어가 러시아어, 벨라루스어, 우크라이나

어로 분리되지 않았다. 그러나 13세기 몽골-타타르의 침입과 내부분열로 인해 키예프 루시가 멸망한 이후, 러시아는 240년간 몽골-타타르의 멍에하에 놓이게 되었으며, 이후 점차 모스크바 공국을 중심으로 통일국가를 형성해 나갔다.

같은 시기 우크라이나와 벨라루스는 오랜 기간 리투아니아와 폴란드의 지배를 받았다. 이와 같은 동슬라브 지역의 정치적 분열은 동슬라브어의 분화를 가져왔다. 그리하여 14세기들어 모스크바 방언을 중심으로 러시아어가 형성되기 시작했으며, 우크라이나어와 벨라루스어도 점차 독립적인 언어로 분화했다.

러시아어에 큰 영향을 미친 다음 사건으로는 표트르 대제의 서구화를 들 수 있다. 18세기 초 표트르 대제는 대대적인 서구화를 단행하면서 러시아의 정치, 경제, 문화 수준이 높아졌고, 이에 따라 통일된 규범을 갖춘 표준어에 대한 필요성이 커졌다. 그리하여 이 시기 러시아어를 명실공히 표준어로 다듬기위한 여러가지 노력이 기울여졌다. 특히 미하일 로모노소프 (M. Lomonosov)의 〈러시아어 문법 (Rossiskaja grammatika)〉은 러시아어가 현대적 표준어의 규범을 확립하는데 큰 기여를했다.

러시아 표준어의 형성 과정에서 가장 중요한 역할을 한 사람은 바로 국민 작가 푸시킨(A. Pushkin)이다. 19세기 초, 푸시킨은 러시아어에 뒤섞여 있던 교회슬라브어, 외래어, 프랑스 살롱어 등을 자신의 작품 속에서 러시아 민중 언어와 조화롭게 결합시켰다. 그리하여 그는 아름다운 러시아 표준어를 완성시켰으며, 19세기에 씌여진 그의 문학작품 언어는 오늘날도 큰 어려움없이 읽히고 이해된다.

이후, 20세기 초의 러시아 혁명, 그리고 20세기 말의 소비에트 개혁 및 해체라는 거대한 역사적 변화도 러시아어에 엄청난 영향을 미쳤다. 두 시기 모두 국가의 강력한 검열이 사라지고, 표준어 사용의 주요 계층이 작가 및 지식인 등의 엘리트에서 대중으로 확산되며 언어 규범이 크게 완화되는 양상을 보였다. 특히 개혁, 개방 이후, 러시아어는 은어와 신조어, 외래어의 범람 등 짧은 시간에 큰 변화를 겪게 되었다.

소비에트의 해체와 더불어 러시아어는 언어 외적으로도 큰 변화를 겪었다. 소련이 미국과 함께 세계적인 양대 강국의 위상을 가졌던 냉전시대에 러시아어는 소비에트에 속해 있던 모든 연방공화국의 공식어였다. 동유럽은 물론이고 많은 서유럽 국가에서 러시아어를 배우는 인구가 많았다. 1990년 전 세계 러시아어 사용 인구는 3억5천만명에 달했으며, 당시 소비에트의 고등교육기관에 등록된 외국인 유학생의 수는 9만명에 달했다. 그러나 냉전의 종식과 소비에트의 해체 이후 전통적인 러시아의 영향권이라고 여겨지던 구소련 연방 공화국들에서도 러시아어의 사용 영역을 축소시키려는 움직임이 나타났다. 이러한 경향은 특히 소위 발트 3국인 에스토니아, 라트비아, 리투아니아에서 가장 강하게 나타난다.

이에 대해 러시아 정부는 상당히 민감한 반응을 보이고 있다. 특히 푸틴 대통령의 집권 이후, 내부 결속 정책과 경제 성장으로 러시아의 국제적 지위가 다시 향상되면서, 러시아 정부는 국제어로서 러시아어의 위상을 강화하고 러시아어를 보급하는데 전력을 기울이고 있다. 라브로프(S. Lavrov) 러시아 외무장관은 러시아어와 문화의 확산은 러시아 정부의 가장 시급한 과제라고 지적했다. 특히 러시아 정부는 중앙아시아에 거주하는 러시아인과 러시아어 사용 인구를 보호하고 러시아 문화의 헤게모니를 유지하기 위해 다양한 노력을 기울이고 있다. 소비에트시기 정부의 이주정책으로 인해 수많은 러시아인들이 주변국으로 이주하였으며, 이들 지역 민족 구성비에서 아직도 러시아인들이 상당한 비율을 차지하고 있기 때문이다.

최근 러시아 정부는 러시아어를 영어에 버금가는 글로벌 언어로 만들겠다고 선언했다. 이는 과거 소비에트 시기보다 양적으로 축소되고 있는 러시아어의 사용을 다시금 늘려나가고, 러시아의 영향력을 증대시키려는 의도에서 나온 것이다. 이와 관련하여 러시아 정부는 해외에 러시아 언어 및 문화 보급을 담당하는 〈루스키 미르 (Russkii mir)〉 재단을 신설하고, 끼릴 문자로 된 인터넷 도메인 발급을 지원하기도 한다.

특히 러시아 정부는 러시아어의 위상 강화를 위해 방송과 인터넷이라는 새로운 매체의 영향력에 주목하고 있다. 통상 러시아어로 된 인터넷을 루넷(Runet)이라고 한다. 러시아에서 인터넷의 시작은 서유럽보다 한참 늦었지만 그 양적인 성장은 가히 폭발적이라고 할 수 있다. 루넷의 영역은 러시아연방을 훨씬 뛰어 넘어서 CIS 지역까지 아우른다. 카자흐스탄, 벨라루스, 우크라이나, 우즈베키스탄 등 다수의 포스트 소비에트 공화국들의 정부 홈페이지 등 대표적인 인터넷 사이트들이 러시아어와 자국어의 이중 언어 페이지를 구축하면서, 많은 국가들이 자발적으로 루넷 공간의 참여자가 되고 있다. 특히 여전히 자신을 소련의 국민이라고 여기는 중년층 이상의 인구가 아니라 젊은층이 루넷의 주요 사용자이다.

인터넷뿐 아니라, 신문 방송도 러시아어의 사용 영역을 유지하는 중요한 도구가 된다. 특히 러시아 위성 TV 네트워크는 러시아를 중심으로 포스트 소비에트 공간을 둘러싸는 거대한 네트워크를 구축하고 있다. 이들이 송출하는 현대 러시아 음악, 영화 등 러시아 대중문화는 대부분 포스트 소비에트 지역에서 큰 인기를 누린다. 이처럼 러시아 미디어는 그 언어적 대표성으로 인해 구소련 국가 국민들 사이에 일종의 문화공동체를 만들어낸다. 러시아 정부는 미디어가 포스트 소비에트 시기에 혹독한 시련을 겪던 러시아어의 위상을 변화시킬 구원타자로서 역할해줄 것으로 기대한다.

미디어를 통해 러시아어를 확산시키고자 하는 러시아 정부의 노력이 어떤 실질적인 효과를 가져올 수 있을지에 대해서는 전문가들 사이에도 극단적인 견해 차이가 있다. 어떠한 경우에서든, 언어가 국가의 힘을 나타내는 지표이기도 하고, 반대로 언어를 통해 국가의 힘을 확장시킬 수도 있다는 진리를, 오늘날 러시아정부의 언어 정책을 통해 다시 확인할 수 있다.

# 10. 커뮤니케이션 에티켓

　러시아인들은 전통적으로 인간적인 유대 관계와 친근감, 결속감을 중요시한다. 이러한 국민성을 잘 보여주는 것이 '드룩(drug)'과 '즈나코미(znakomyi)'의 차이이다. 드룩은 마음을 터놓을 수 있는 진짜 친구이고, 즈나코미는 그냥 알고 지내는 사람이다. 영어의 'friend'보다 러시아어의 드룩이 훨씬 내밀하고 진실한 관계를 맺는 사람을 가리킨다.

　이렇듯 인간적인 유대관계를 중시하는 러시아 문화에서 신체 접촉과 몸짓 언어는 특별한 의미를 갖는다. 러시아인의 몸짓 언어는 다른 민족들에 비해 좀 더 자유롭다. 러시아의 시인 튜체프는 자신의 시 〈침묵〉에서 "말로 표현된 사상은 거짓"이라고 표현하여 언어에 대한 불신을 보여 주었으며 러시아의 기호학자 스테파노프는 러시아에서 다양한 제스처가 발달한 것은 러시아인들 스스로가 언어의 한계를 깨달았기 때문이라고 지적했다.

연구자들에 따르면 러시아 및 슬라브 지역, 구 동구 지역은 서유럽에 비해 접촉에 관대하다. 특히 키스는 러시아 문화에서 특별한 의미를 갖는다. 단어 'pocelui(키스)', 'celovat'(키스하다)'는 형용사 'celyi(완전한)'의 어근에서 비롯된다. 즉 pocelui에는 입맞춤을 통해 '완전하게 되길 원하는 소망'이 담겨 있다. 러시아에는 입맞춤을 허용하는 여러 예식이 있다. 고대 러시아에서는 입맞춤으로 손님을 환영했으며, 맹세, 선서의 의미로 십자가에 입맞춤하는 행위는 매우 보편적이었다. 특별한 존경심을 표현할 때는 손이나 다리에 입맞춤을 했다. 오늘날에도 오랜만에 만난 친구들끼리는 공공장소라 할지라도 서로 껴안고 볼에 키스를 하면서 반가움을 표시한다. 남자들끼리도 마찬가지다. 그러니 처음 만난 러시아인이 당신을 껴안은 채 볼에 키스해도 어색해하지 말기를 … 특히 이들은 두 볼을 번갈아가며 세 번 키스를 하는데, '3'이 행운의 숫자라고 믿기 때문이다.

이처럼 접촉에 관대한 러시아인들은 물론 악수보다는 포옹을 선호한다. 이는 라틴계와 슬라브계 여러 나라에서 공통적으로 드러나는 특징이기도 한데, 포옹은 악수보다 사적인 방법으로 형제 같은 우애와 결속의 의미를 상징한다. 실제 과거 소비에트 시기에 당시 공산당 서기장이었던 흐루시초프나 브레즈네프는 소련을 방문한 외국 귀빈들에게 공식적 의례로 포옹을 해왔다. 그러나 고르바쵸프는 후에 구질서와의 거리를 두기 위해 포옹을 서양식 악수로 대체하기도 하였다.

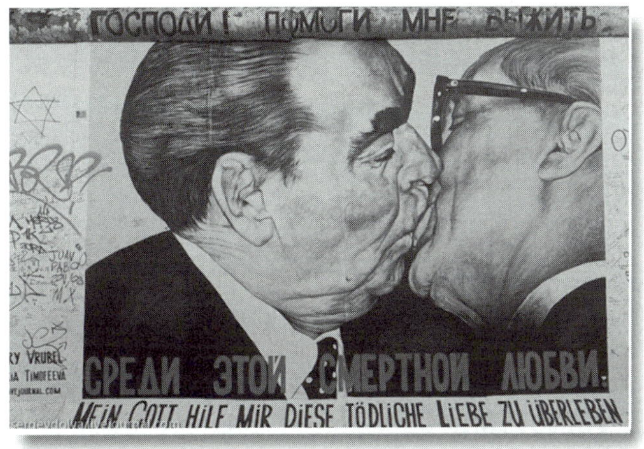


15. 슬라브식 인사로써 키스를 희화하는 포스터. 사진 속 인물은 브레즈네프 소련 서기장과 헬무트 콜 서독 총리이다.



러시아인과의 성공적인 커뮤니케이션을 위해서는 러시아식 호칭법과 러시아인의 이름 구조를 알아두어야 한다. 대부분의 유럽어에는 2인칭을 지칭하는 두 개의 형태 T형과 V형이 존재한다. 전자가 평칭이고, 후자가 존칭이다. 러시아어에도 T형으로 트이(Ty – 너)가, V형으로 브이(Vy – 당신)가 있다. 트이는 주로 가까운 사람을 칭하거나 친근함을 표현할 때 사용한다. 그러므로 호칭이 브이에서 트이로 바뀌면 둘 사이의 관계가 전보다 친근해졌음을 의미한다. 호칭이 브이에서 트이로 바뀌기 위해서는 "이제 우리 서로 트이라고 부릅시다."라고 정식으로 제안하기도 한다. 러시아어는 다른 유럽어보다 T형이 많이 사용되고, 부모와 심지어 하나님을 부를 때도 트이를 사용한다. 한국어에서 존칭/평칭이 대인간 상하관계를 통해 결정되는 것과는 달리, 러시아어에서 트이의 사용은 심리적 친밀감에 의해 더 많이 영향 받는다고 할 수 있다.

러시아인의 이름은 세부분으로 나뉘는데, 영어의 퍼스트 네임에 해당하는 이름, 아버지의 이름에서 딴 부칭, 그리고 성씨이다. 가령 이름이 알렉산드르이고, 아버지의 이름이 막심이며, 그의 성이 이바노프라면, 그의 풀 네임은 알렉산드르 막시모비치 이바노프이다. 푸틴 대통령의 풀네임은 블라디미르 블라디미로비치 푸틴이다. 즉 그의 이름은 블라디미르이고, 그의 아버지 이름도 블라디미르이고, 성은 푸틴이다. 러시아에서 아내는 대부분 남편의 성을 따른다. 이때 남성의 성에 모음 'a'를 덧붙인다. 예컨대, 푸틴 대통령의 아내 류드밀라의 성은 푸티나(Putina)이다. 그녀의 처녀적 성은 슈크레브네바였다.

이처럼 길고 복잡한 러시아 풀 네임을 늘상 불러주는 건 아니다. 우선 공식적인 자리나, 직장 상사, 손윗 사람에게는 이름과 부칭을 함께 부르는 게 예의다. 가령, 알렉산드르 막시모비치, 블라디미르 이바노비치라고 부르면 된다. 공문서나 언론 매체에서는 '알렉산드르 이바노프'처럼 이름과 성을 쓴다. 친한 사이라면 이름만 불러도 좋다. 그러나 이때에도 대개 이름을 그대로 부르지 않고 애칭을 사용한다. 하나의 이름이 여러 가지 애칭 형태를 가지고 있기 때문에 처음에는 누구를 가리키는지 혼동될 정도이다. 예를 들어, 알렉산드르는 알리크, 사샤, 슈랴, 사냐로 바뀌기도 한다. 한 직장에 '알렉산드르'라는 이름을 가진 사람이 여러 명 있는 경우 나이나 체격에 따라 큰 샤샤, 작은 사샤 라고도 부른다.

이처럼 러시아 이름은 복잡하고 변화무쌍하다. 그래서 인내심 많은 독자라도 러시아 소설을 읽다보면 짜증을 내지 않을 수 없다. 예컨대 작품에 나오는 이반 세르게예비치 쉐스타코프가 다른 등장인물과의 관계에 따라 이반 세르게예비치, 이반, 반까, 바냐 등 다양한 애칭으로 호칭되므로, 독자는 이 사람이 누구인지 끊임없이 확인해야 한다. 러시아어에서 애칭이 이처럼 빈번하게 사용되고, 트이(Ty)의 사용 범위가 상대적으로 넓은 것은, 앞서 설명한 바와 같이, 러시아인들이 전통적으로 인간적인 유대 관계와 친근감을 중요시하기 때문이다.

이밖에도 일상생활과 관련된 다양한 에티켓이 있는데, 러시아를 방문할 계획이 있는 독자라면 기억해둘 만한 몇 가지를 소개한다. 러시아 건물의 문은 매우 육중하고 크다. 이 문으로 들어가고 나서 문을 그대로 놓아버리면 그 무게에 따른 가속도가 붙어 뒤따라 들어오는 사람에게 위험할 수 있다. 따라서 문을 열고 들어간 후 뒤에도 사람이 따라 들어오는 경우 문을 잡아주는 게 예의다.

또한 러시아인들은 지인의 집을 찾아가거나 축하할 일이 생기면 꼭 선물을 한다. 선물이라고 해서 대단한 게 아니라, 꽃이나 샴페인, 초콜릿이 대부분이다. 러시아에서 테이블에 앉을 때는 모서리에 자리를 잡아서는 안 된다. 미혼인 사람은 결혼을 못하게 된다는 미신이 있기 때문이다.

대화의 주제로는 그들의 높은 기술 수준과 문화와 예술을 화제로 삼는 게 좋다. 그러나 대화가 너무 진지해진다면, 가벼운 농담을 하는 것도 좋다. 러시아인들은 유머감각이 매우 뛰어나다. 그들은 대화 분위기를 부드럽게 하려는 의도로 '아넥도트'라고 부르는 재미있는 농담을 자주 한다. 서점가에서는 다양한 유머집들이 스테디셀러로 팔려나갈 정도이다. 정치, 경제적 상황이 암울하면 더욱 신랄한 풍자가 유행하기 마련이다. 러시아인들은 아넥도트를 통해 스탈린 통치의 암흑기를, 브레즈네프 시대의 불황기를, 옐친 시대의 소련 붕괴 충격을 견뎌냈다. 그러므로 혹 러시아어 실력이 뒷받침해준다면, 우리 식의 유머 한두 가지를 재미있게 번역해서 러시아인들에게 소개하는 것도 좋을 것이다.

# 3장 · 축제와 여가문화

# 1. 기념일

러시아에 가서 생활하거나 러시아의 달력을 보면서 가장 많이 놀라게 되는 이유들 중 하나는 바로 기념일과 공휴일이 무척 많다는 점이다. 이것은 일 년 내내 부지런히 일하고 한여름에 고작 3~4일 동안 휴가를 다녀오는 한국인들과 달리 짧게는 2주일, 길게는 무려 한 달 이상 여름휴가를 즐기는 러시아인들의 느긋한 성격과도 연관되어 있다. 러시아 달력에는 빨간 날이 아주 많다! 또한 빨간 글씨로 표시되지 않은 공휴일도 많다. 게다가 이런 법정 공휴일이 주말과 겹칠 경우, 주말 전후로 소급해서 쉬는 경우가 다반사이다.

러시아에는 '여성의 날', '남성의 날', '학생의 날', '국가의 날', '도시의 날' 등 한국에는 없는 많은 기념일이 있다. 이런 기념일문화는 소비에트시기의 유산과 더불어 연방 해체, 정교 축제의식의 부흥 등 일련의 사회·역사적 원인들이 혼합된 결과라고 볼 수 있다. 이들 중 주요 기념일과 러시아 고유의 문화를 알아보기로 하자.

## 1월 1일

최근의 한 조사에 따르면, 새해 첫 날은 러시아인들이 가장 좋아하는 기념일이라고 한다. 어느 나라에서나 그렇듯, 이 날은 정치나 종교와 무관하기 때문이다. 러시아의 새해맞이는 하루나 이틀 정도를 쉬는 다른 나라들의 새해 연휴와는 비교가 되지 않는다. 법정 연휴일이 1일부터 5일까지이고, 정교국가로서 1월 7일에 크리스마스를 기념한다. 여기에 연휴 기간에 포함된 주말 휴일을 소급해서 연장하기 때문에 10일 이상의 황금연휴가 지속되는 것이다. 이 기간에 러시아의 모든 공공기관과 비즈니스 업무는 거의 중단된다. 일반기업과 학교에서는 14일부터 업무와 학업을 재개하는 것이 불문율로 정해져 있다. 새해를 기념하는 의식은 나무를 장식하는 일로 시작된다. 러시아에서는 크리스마스트리가 아니라 새해트리('욜로츠카')를 장식한다. 선물은 러시아의 산타클로스인 '제드 마로즈'와 '스네구로츠카'라는 금발의 소녀가 가져다준다. '제드 마로즈'는 1048년 1월 1일에 처음 러시아에 등장했다고 한다. 러시아인들은 새해 첫 날을 어떻게 보내는가에 따라 한 해의 운수가 좌우된다고 믿기 때문에, 불꽃놀이와 밤새도록 이어지는 파티를 통해 성대한 신년을 맞이하는 풍속이 형성되었다.

## 1월 7일 크리스마스

정교회 크리스마스는 소비에트 정권 하에서 금지되었다가 1992년에 공식적으로 복원된 후부터 큰 축제로 기념되고 있다. 러시아 정교회는 지금까지도 구력(율리우스력)을 사용하기 때문에 유럽의 크리스마스보다 13일 뒤인 1월 7일이 크리스마스가 된다. 정교회에서는 자정에 합창과 더불어 예배를 시작한다. 크리스마스 전야에는 양귀비 씨와 꿀, 땅콩, 보리 등을 넣고 끓인 전통 수프를 먹는다. 모든 음식에는 고기가 들어가서는 안 된다.

## 1월 25일 '타티아나의 날' 혹은 '학생의 날'

1775년 '타티아나의 날'에 엘리자베타 페트로브나 여제는 모스크바대학 창설 법령에 서명했다. 18~19세기에 이 날은 모스크바대학 개교기념일이었지만, 19세기 후반부터는 러시아의 모든 대학과 학생들을 위한 축제일이 되었다. 졸업생과 재학생이 함께 이 날을 기념한다.

1. 붉은 광장의 크리스마스트리

## 3월 8일 '세계 여성의 날'

러시아 언론에 따르면, 3월 8일에는 러시아에서 꽃값이 평소의 두 배 이상 오른다. 거리에서 손에 장미나 튤립을 들지 않은 여성과 마주치는 일은 극히 드물다. 본래 '세계 여성의 날'은 1910년에 남녀평등을 위해 전 세계 여성들의 연대 투쟁을 촉구하는 취지에서 제창된 것으로, 정치적인 성격이 강했다. 그러나 지금은 러시아 여성들이 일 년 중 가장 귀한 대접을 받는 중요한 기념일이자, 축제의 날이 되었다. 남성들은 아내나 어머니 등 가족과 주변의 여성들에게 초콜릿과 꽃, 크고 작은 선물을 반드시 준비한다.

## 부활절

부활절은 정교국가인 러시아에서 가장 중요한 종교 기념일이다. 러시아어로 부활절을 '파스하' 라고 하는데, 이것은 그리스어로 '불행과 고난의 극복' 을 뜻한다. 종교가 부활된 후 러시아에서는 많은 사람들이 사순절과 정진일을 지키고 있다. 부활절이 되면 교회에서는 자정부터 십자가 행렬에 이은 성대한 부활미사가 오랫동안 진행된다. 최근에는 부활절과 관련된 주요 행사에 정치 지도자들도 참석하고, 예배 장면을 텔레비전으로 중계하기도 한다. 부활절 기간에 러시아인들은 친척이나 가까운 친구들을 방문해서 부활절 케이크와 부활절 계란을 선물한다. 러시아의 부활달걀은 새로운 생명과 자연, 대지 및 태양의 소생을 상징한다. 러시아의 부활절은 한국보다 1주일 늦다.

2. 부활절 계란

## 5월 1일 '노동자의 날'

소비에트 시기에 이 날은 '혁명 기념일'과 더불어 국가적 차원의 기념일로 여겨져 화려한 퍼레이드가 펼쳐지고 각종 선전문구가 담긴 플래카드가 나부꼈다. 1960년대 중반부터는 5월2일까지 기념일이 확대되어 현재까지 유지되고 있다. 요즘에는 노동자들의 국제적인 연대를 강조하기보다는 가족, 친지들과 공원이나 교외로 나가 바비큐파티를 하는 문화가 형성되고 있다. 러시아 역사에서 5월 1일은 본래 노동자의 날이 아니라 귀족과 도시민들의 소풍일이었다. 표트르대제가 5월 1일을 '마요프카'로 제정하여, 대다수 도시민들이 오전에만 일을 하고 오후에는 음식과 작은 악기 등을 챙겨 야외로 봄나들이를 하러 나가는 풍속이 있었다.

## 5월 9일 '승전기념일'

제 2차 세계대전에서 러시아가 독일을 상대로 승리를 거둔 것을 기념하는 날이다. 그래서 러시아인들은 이 전쟁을 '대조국전쟁'이라고 부른다. 전쟁기간에 소비에트공화국에서는 850만 명의 군인이 전장에서 목숨을 잃었고 1,200만 명의 시민이 추위와 기아, 폭격 등으로 사망했다. 역사상 시련을 많이 겪은 러시아 국민들이지만 이 전쟁은 특히 참혹했고, 그 승리는 세계사적으로도 커다란 의의를 지니기 때문에 러시아인들은 이에 대해 각별한 긍지와 자부심을 지니고 있다. 이 날 붉

은 광장에서는 군사 퍼레이드가 펼쳐지고, 각 도시마다 전쟁
을 기억하는 행사가 진행된다. 노동자의 날인 5월 1일부터 승
전기념일까지, 길게는 무려 9일간의 연휴를 보내는 사람들이
많다.

3. 승전기념일 행사 모습

## 6월 12일 '러시아의 날'

1990년에 러시아가 소비에트연방으로부터 '독립' 하여 주권
국가로 재탄생한 것을 기념하는 날이다. 1991년에 옐친 대통
령에 의해 제창된 이후 공식적으로 기념되고 있다. 1991년 6
월 12일에는 러시아 최초로 국민들이 대통령을 선출하는 선거
가 시행되었다. 하지만 아직까지도 이 기념일에 정확히 무엇

을 기념해야 하는지 분명하게 이해하지 못하고 있는 러시아인들도 적지 않다. 연방 국가였던 소련의 주체도 러시아였고, 국제법상으로도 러시아가 소련을 계승한 국가로 인정받고 있는데, 소련에서 러시아가 독립했다는 사고가 잘 이해되지 않는다는 것이다. 많은 논란 끝에 2002년에 '러시아의 날'로 기념일의 명칭이 바뀌었지만, 아직까지도 혼란스러워 하는 사람들이 많다.

## 11월 4일 '민족화합의 날'

70여 년 간의 소비에트 체제하에서 러시아인들은 1917년 10월 혁명일(구력 10월 25일, 양력 11월 7일)을 기념하였다. 그러나 소련 해체 이후 혁명에 직접 참여했거나 소비에트시기를 체험했던 세대와, 해체 이후 세대 간의 갈등이 심화됨에 따라 혁명을 공식적으로 기념하는 일도 어색해지게 되었다. 따라서 2005년부터 정부는 과거 소련의 군사적 영광을 되찾고 사회적 화합을 도모하자는 취지로 기존의 혁명 기념일을 폐지하고 새로운 기념일을 제정하였다. 11월 4일(구력 10월 22일)은 1649년부터 1917년까지 혁명 이전의 러시아에서 기념하던 국경일을 부활시킨 것이다. 그러나 많은 러시아인들은 이 새로운 기념일의 의미를 제대로 알지 못한 채 단지 휴일로만 받아들이고 있다. 이 날에는 또한 '민족이란 곧 러시아인'을 뜻한다고 믿는 극우민족주의자들이 '러시아인을 위한 러시아', '러시아의 영광' 등의 구호를 외치며 시위를 벌이기도 한다.

# 2. 봄의 축일 – 마슬렌니차

러시아의 수많은 공휴일과 축제문화 중에서 가장 러시아다운 축제는 바로 2월 중순의 일주일간 실컷 먹고, 놀고, 가까운 이들을 대접하는 '마슬렌니차' 이다. '사육제' 라고도 불리는 이 풍속은 본래 고대 슬라브인들이 춘분기에 행했던 민간신앙적인 농업축제였다. 기나긴 겨울의 추위와 눈(雪)에 지친 러시아인들이 밤과 낮의 길이가 같아지는 춘분 무렵에 자신들을 위로하고 따스해지는 햇살을 맞이하는 의식이었던 것이다. '사랑스러운 마슬렌니차야, 너는 무엇을 가지고 왔니? – 맛있는 블린과 밝은 태양을 가지고 왔지.' 라는 표현이 전해지듯, 이 축제에는 따뜻한 태양을 그리워하는 러시아인들의 염원이 담겨 있다.

러시아어 '마슬로' (기름)라는 말에서 비롯된 이 축제의 명칭은 말 그대로 '기름진 음식을 풍요롭게 먹는 날' 을 뜻한다. 러시아는 988년에 동방정교를 국교로 수용했지만 이교 신앙의 전통을 완전히 버릴 수는 없었으며, 따라서 명절이나 절기와 관련된 축제들에는 이교 신앙과 정교의 요소가 결합된 경우가 많다. 마슬렌니차는 그 가장 대표적인 예이다. 부활절 전 7주 간 이어지는 '벨리키 포스트'(대 금식 기간)의 엄격한 금욕과 절제의 시간을 앞두고, 러시아인들은 그 마지막 1주일을 가능한 한 향락적이며 유쾌하게 즐기고자 했다. 고기를 제외하고 계란이나 식용유, 생선 등을 먹을 수 있었던 이 기간에 이들은 주로 러시아식 팬케이크인 블린을 먹는다. 계란과 마슬로를 듬뿍 넣은 블린을 실컷 먹음으로써 이후 본격적으로 시작되는 금욕주간에 대비하기 위해서다. 그래서 영어로는 이 기간을 '팬케이크 주간'이라고 한다. 둥그런 모양의 블린은 다가올 봄을 상징하는 둥근 태양과 풍요로운 수확, 축복받는 결혼, 건강한 자손 등을 상징한다.

4. 러시아식 팬케이크 '블린'

축제 기간 동안 러시아인들은 친지와 이웃을 초대하거나 방문해 함께 먹고 마시고 노래하고 춤추며 즐긴다. 마슬렌니차는 또한 가족이나 결혼과 관련된 축제이기도 하다. 지난해에 결혼한 젊은 부부들을 상대로 가족과 이웃들이 짓궂은 장난을 하기도 하고, 새롭게 인척이 된 두 가족이 서로 왕래하기도 한다. 수요일에는 장모가 사위를 초대해 블린을 대접하고, 금요일에는 '장모의 날'로서 사위가 장모에게 블린을 대접한다.

마슬렌니차 주간 중 가장 중요한 날은 사순절 바로 전날인 일요일이다. 이 날은 '용서의 날'로서, 가까운 이들에게 용서를 구하고 저녁에는 성묘를 하여 고인들과 인사를 나눈다. 또한 이 날은 '이별의 날'이기도 하다. 마슬렌니차는 겨울과 작별하고 새봄을 맞이하는 행사이기 때문에 축제 기간이 시작되는 날에 지푸라기로 만든 큰 인형을 광장에 세우고 축제 마지막 날인 일요일에 모두 모여 그 인형을 태우는 풍습이 있다. 불과 함께 모든 재앙이 사라진다는 믿음에서다. 인형에 달린 주머니에 자신이 벗어나고 싶은 슬픔이나 근심거리 등을 적은 종이쪽지를 넣고 함께 태움으로써 추웠던 겨울을 보내고 초자연적이고 부정적인 힘들을 물리치며, 죄를 씻어내는 것으로 생각했던 것이다. 사순절의 첫 날이기도 한 다음날은 '깨끗한 월요일'로서, 러시아인들은 이 날을 죄와 부정한 음식들로부터 깨끗해지는 날이라고 생각했다. 이 날 남자들은 목욕탕에 가서 몸을 깨끗이 씻어야 했고, 여인들은 집안의 식기를 닦았다.

예전에는 러시아에서 마슬렌니차가 가장 중요한 축제로 여

5. 마슬렌니차 '이별의 날' 행사

겨져 도시나 농촌을 불문하고 모든 러시아인들이 일주일 동안 요구되는 규율을 엄격히 지켰지만, 현대 사회에서는 그런 규율을 따르는 것이 어렵고 불편해졌기 때문에 엄격히 지켜지지는 않고 있다. 하지만 이 축제 기간이 오면 어김없이 집에서는 맛있는 블린을 굽고, 야외에서는 아직 추운데도 불구하고 많은 행사들이 진행되는 등, 러시아에서는 일 년 중 가장 시끄럽고 재미있는 축제이다. 마슬렌니차 축제 장면은 한국에서도 상영된 바 있는 영화 〈러브 오브 시베리아〉에도 등장한다.

고대 루시부터 시작된 이 축제에는 황제가 참여했을 정도로

러시아 민중들은 이 날을 러시아 고유의 명절로 여기며 진심
으로 즐겼다. 마슬렌니차 풍속은 혁명 이후에 단절되었다가
소비에트 해체 이후 부활되고 있다. 마슬렌니차의 블린과 여
성의 날의 꽃, 부활절의 달걀 – 이 세 가지는 해마다 러시아의
봄을 알리는 상징물이다. 마슬렌니차는 한국의 설날이나 추석
처럼 날짜가 해마다 바뀌지만, 월요일에 시작해서 일요일에
끝난다는 사실만은 변함이 없다.

# 3. 한여름 밤의 꿈
## – 백야(白夜)축제

러시아 고유의 자연현상에 대해 이야기할 때 결코 빼놓을 수 없는 것들 중 하나가 바로 '백야'다. 겨울이 1년 중 절반 이상을 차지하고, 초가을부터 청명한 하늘을 구경하기 어려운 음울한 북구의 나날 속에서 러시아인들은 밤이 되고 다시 아침이 밝을 때까지 태양이 완전히 사라지지 않는 '하얀 밤'의 여름이라는 보상을 받는다.

백야란 북위 48도 이상의 고위도 지방에서 하지(夏至) 전후에 깊은 밤에도 하늘이 희미하게 빛나는 박명(薄明) 현상을 말한다. 제국의 수도, 19세기까지 찬란한 문화를 꽃피운 러시아 예술문화의 산실 상트페테르부르크는 북위 60도에 위치해 있기 때문에 6월부터 거의 석 달 간 백야를 맞이한다. 이곳의 백야는 보통 6월 중순부터 7월 2일까지가 절정을 이룬다. 매일 19시간 이상 해가 지지 않으며, 하지 당일에는 21시간 이상 하늘에 해가 걸려 있다. 상트페테르부르크는 북반구에서 백야를 즐길 수 있는 가장 큰 규모의 도시로 알려져 있다.

　백야가 지속되는 동안 상트페테르부르크의 네프스키대로와 네바 강변은 러시아 전역과 전 세계에서 몰려든 인파로 가득하다. 도심 전체가 유네스코 세계문화유산에 지정되어 있는 이 매혹과 환상의 도시에서는 매년 6월 중순부터 7월 초까지 약 15일간 백야축제가 개최된다. 자연이 베푸는 이 기적 같은 선물을 놓치지 않기 위해 사람들은 늦은 시간까지 오페라와 발레, 고전음악과 최신 경향의 예술을 즐기며 온통 축제의 열기에 사로잡힌다. 축제 첫날밤부터 사람들은 축포와 불꽃놀이, 연주소리로 시끌벅적한 네프스키대로를 지나 네바 강변으로 몰려든다.

6. 백야 현상

7. '여름 궁전'에서 개최되는 백야 행사

백야축제의 의의는 러시아정교회에서 하지를 기념하여 불
(태양)의 생명력과 물(비)의 비옥함을 찬양하던 7월 7일(구력
6월 24일)의 축일 '이반 쿠팔라'(세례 요한 기념일)와의 연관
성 속에서 찾을 수 있다. 여름의 정점에서 각양각색의 민속놀
이와 더불어 자연의 열매들을 거두던 이 축일은 소비에트시기
에 사라졌는데, 소비에트 해체 이후 자신들이 영광을 누리던
시절의 도시이름을 되찾은 상트페테르부르크 시민들이 백야
기간을 특별한 축제로 바꾸게 된 것이다. 1993년부터 공식적
으로 시작된 백야축제는 동유럽의 대중음악인들이 참가하는
국제가요제와 오페라와 발레 공연, 고전음악 연주회, 국제영
화축제, 재즈와 록페스티벌, 청소년들의 춤과 음악 경연 등 예
술의 향연장이 되고 있다. 현재 백야축제는 러시아 정부의 후

원 하에 '백야 국제문화제' 라는 이름으로 개최되고 있다.

러시아의 시민들은 이 기간 동안 삶의 환희를 만끽한다. 아이들은 박물관과 공연장, 궁전과 공원 등을 순회하며 자신들의 역사와 문화적 자산에 대한 긍지를 키운다. 백야는 나와 자연이 하나가 되고 삶을 축제로 느끼는 신비로운 시간이며, 백야축제는 러시아에서 또 하나의 소중한 문화적 전통이 되어가고 있다.

8. 네바강변의 백야 축제

# 4. 별장에서 여름나기
## – 두 번째 집, 다차

텃밭이 딸린 도시근교의 소규모 목조 가옥 '다차'(dacha)는 흔히 러시아식 주말농장으로 알려져 있다. 다차는 도심에서 50~200㎞ 가량 떨어진 외곽에 위치해 있다. 대도시에 사는 러시아인들은 주말과 휴가 기간에 다차에 머물며 자연 속에서 휴식을 취하기도 하고, 텃밭에서 재배한 야채와 농작물을 식용으로 이용하거나 시장에 내다 팔기도 한다. 요즘에는 단순한 주말농장의 기능을 뛰어넘어 일광욕과, 캠핑, 야영 등을 위한 다양한 커뮤니티 공간이 되는 곳도 있다. 다차의 이런 기능은 한국에서의 주말농장과 유사해보이지만, 러시아의 다차에는 고유의 생활양식과 문화가 담겨 있다.

러시아의 다차는 표트르대제 시대인 18세기 초에 처음 등장하였다. 황제가 국가에 공헌한 귀족이나 왕실의 하인에게 시외곽에 위치한 작은 사유지를 하사했는데, 이것이 다차의 기원이 되었다. 이후 19세기 위대한 작가들의 문학작품에 등장하기 시작한 다차의 풍경은 러시아인들에게 삶의 지평을 넓혀주었고, 자연 속에서 삶을 관조하는 여유를 가르쳐주었다. 투르게네프의 소설에 등장하는, 레이스가 달린 양산을 쓰고 한가롭게 숲을 산책하는 귀족 부인, 과수원이 딸린 하얀 저택에서 여름 내내 사교 모임이나 가면무도회를 즐기는 귀족들, 풍광이 수려한 교외 별장에 머물며 글을 쓰고 정치와 세태를 논하며 사냥과 낚시를 즐기는 지식인들의 생활양식은 차츰 대중들에게도 파급되어갔다.

1917년 혁명과 더불어 귀족들의 특권적인 전원생활은 더 이상 가능하지 않게 된다. 1930년대부터 1960년대 초까지 소련정부는 당 지도자들이나 유명한 예술가, 지식인들에게 소비에트사회에 공헌한 대가로 귀족들에게서 몰수한 다차를 '선물' 했다. 오늘날처럼 다차가 모든 국민들이 소유할 수 있는 형태로 변모하게 된 것은 흐루시초프 집권기부터다. 소비에트 러시아인들의 전반적인 삶의 질을 높이고자 애썼던 흐루시초프는 절대적으로 부족한 주택문제를 해결하기 위해 도시민들에게 똑같은 규격의 아파트를 대량 공급하였고, 식량문제를 해결하기 위한 방안으로 대도시 외곽에 주택면적을 포함한 토지 약 150평씩을 각 가정에 무상으로 분배하였다. 이처럼 다차는 농산물의 자급자족과 국민들의 자립적인 생활태도를 키우도록 장려하는 차원에서 국가가 토지를 '준다(dat')' 는 말에서 비롯된 용어이다. 이때부터 대중들은 주말의 휴식과 노동을 위한 공간을 갖게 되었고, 소비에트체제하에서 유일하게 허가된 사적 소유권을 누릴 수 있게 되었다. 경제적으로나 사회적으로 많은 문제점을 안고 있던 소련체제가 70여 년간 유지될 수 있었던 이유가 바로 이 다차제도 때문이라고 보는 견해도 존재한다.

소비에트 시기에 지어진 다차에는 대체로 전기와 공용수도만 갖추고 난방시설은 없는 곳이 대부분이었다. 겨울에도 이용이 가능한 다차는 일부 특권층에게만 분배되었다. 봄부터 가을까지 다차에 다니며 러시아인들은 야채를 재배해서 염장을 하거나, 식초로 피클을 만들어 겨울용 식량을 장만한다. 긴 겨울 동안 다차를 비워놓을 때에는 빈집털이범이나 부랑자 등 '초대받지 않은 손님'이 들어올 것에 대비해서 식탁 위에 보드카를 한 병 놓아두는 지혜를 발휘하기도 한다. 다른 물건에는 손대지 말고, 보드카만 들고 가라는 주인의 정중한 경고이다.

소련 해체 후 본격적으로 자본주의 경제체제에 접어들면서 다차의 소유 여부와 규모가 부의 등급을 결정하는 척도가 되고 있다. 신흥 부유층과 고위 권력자들은 경쟁이라도 하듯 모스크바와 상트페테르부르크 근교에 어마어마하게 크고 호화로운 다차를 신축했다. '루블료프카'라는 이름의 별장촌은 각료와 갑부들의 별장과 값비싼 쇼핑몰로 유명하다.

그러나 부유하든 가난하든, 러시아인들에게 다차는 곧 '제2의 집'이다. 대부분의 도시민들이 주말이면 어김없이 다차로 향하기 때문에 모스크바에서는 금요일 오후부터 교외로 나가는 차량들로 교통체증이 극심하다. 특히 5월 하순부터는 거의 모든 도시민들이 직장이나 학교를 떠나 길게는 8월말까지 다차에서 여름을 보내는 것이 하나의 문화로 정착된 지 오래다.

추운 겨울이 오기 전까지 러시아인들은 다차에서 대자연의 혜
택을 만끽하며 독서도 하고, 전통 '바냐'에서 가족이 함께 사
우나를 즐기기도 하며 텃밭을 일구는 등 제 2의 일상을 영위하
면서 새로운 삶을 준비하는 충전의 시간을 갖는 것이다. 다차
에서의 이러한 생활에 대한 러시아인들의 애착은 외국인들의
상상을 초월한다. 이렇게 소중한 사적 공간에 초대를 받는다
면, 충분히 신뢰하는 관계가 되었다고 볼 수 있을 것이다.

9. 러시아의 다차



　　러시아 전역에 있는 다차는 약 3,200만 채 정도로, 전체 인
구 4.5명당 1채씩을 소유하고 있는 셈이다. 러시아인들이 주
말에 다차를 다녀온 직후인 월요일에는 범죄율이 훨씬 적다고

한다. 이것은 자연친화적인 삶의 시간과 소박한 생활의 효과일 것이다. 다차에서의 농작물 재배가 실질 경제에 미치는 영향은 10% 미만이지만, 다차 생활로 국민들의 심성이 순화됨으로써 사회에 긍정적인 영향을 주는 것으로 평가되고 있다. 다차는 러시아 국민들의 마음의 고향이며 보드카와 바냐, 예술과 더불어 러시아인의 삶을 구성하는 가장 근본적인 요소이다.

# 5. 일 년 모아 바캉스

일 년 중 6개월 이상이 추위가 계속되는 러시아에서 5월부터 8월 초까지는 황금의 계절이다. 7-8월 여름휴가 기간에 러시아인들은 짧게는 2주, 길게는 한 달 이상 휴가를 즐긴다. 휴가를 즐기기 위해 러시아인들은 한 해 동안 열심히 일해서 모은 돈을 아끼지 않는다. 눈과 비, 찬바람이 없는 이 시기에 태양의 세례를 한껏 누리며 몸과 마음을 충전함으로써 긴긴 겨울에 맞설 준비를 하는 것이다. 그래서 흑해 연안에 위치한 얄타와 소치 지역은 먼 옛날부터 가장 사랑받는 휴양지가 되어 왔다. 동계올림픽 개최지가 됨으로써 더욱 유명해진 소치는 사실상 사계절 휴양이 가능한 관광지로 이름이 높다. 광대한 국토를 가졌으나 시베리아의 혹한과 부족한 일조량으로 고통받는 러시아인들에게 소치야말로 남녘 최고의 휴양지이자 피한지이다. 울창한 숲과 맑은 강, 호수 등이 풍부한 카프카스 지역의 온천지 또한 건강을 지키고 질병을 치료하려는 사람들이 즐겨 찾는 곳이다.

러시아 '제2의 수도' 상트페테르부르크는 외국인뿐 아니라 러시아인들에게도 매우 사랑받는 휴가지이다. 러시아 문화와 예술의 발원지인 상트페테르부르크는 아름다운 풍광과 건물, 물과 돌의 조화로 인해 '북구의 베니스', '북방의 팔미라'로 불린다. 세계적으로 유명한 36개의 명소와 4천 여 개의 건축물·역사문화기념물을 보유하고 있으며, 도시 자체가 유네스코 선정 세계문화유산으로 등재될 만큼 아름답고 가치 있는 곳이다. 특히 5월 말부터 7월 중순까지 하지(夏至) 전후로 빛의 불면(不眠), 즉 백야(白夜) 현상이 지속되는 기간에는 러시아 전역에서 휴가를 즐기려는 사람들이 모여든다.

10. 바이칼 호수

바이칼호수는 러시아인들이 여성과 보드카와 더불어 내세우
는 3대 자랑거리 중 하나이다. 부랴트어로 '샤먼의 호수' 혹은
'풍요의 호수'를 뜻하는 바이칼은 세계에서 가장 크고, 가장
깊고, 가장 맑고, 가장 오래된 호수이다. 남한 면적의 3분의 1
이나 되는 규모에, 2,500만 여 년 전에 형성된 '바이칼의 물에
손을 담그면 5년이 젊어지고, 세수를 하면 10년이 젊어지며,
수영을 하면 25년이 젊어진다.' 는 속설이 있을 정도이다. 러
시아인들은 '시베리아의 푸른 눈' 으로 통하는 이곳에서 여름
과 겨울의 휴가를 보낸다.

11. 바이칼의 별장촌

'볼가 강을 보기 전에는 러시아에 대해 말하지 말라' 는 러시
아 속담이 있다. 러시아인들에게 '마투시카' (어머니)로 불리

는 볼가 강은 자애로우면서도 엄격한 어머니처럼 언제나 러시아 민중들과 함께 해왔다. 볼가 강은 러시아 서부를 남쪽으로 흐르는, 유럽에서 가장 긴 강이다. 유역면적이 138만 평방킬로미터로 남한 국토의 6배이며, 볼고그라드(옛 스탈린그라드)~모스크바~상트페테르부르크까지 연결되는 길이는 장장 3,700km나 된다. 볼가 강 유람 시즌은 5월 중순부터 9월 초까지 이어지며, 유람선들은 대부분 극장과 식당, 바 등을 갖추고 있어 '떠다니는 호텔'로 불린다. 소박하면서도 웅장한 강줄기를 따라 여행하면서 러시아인들은 끝없이 펼쳐지는 대자연의 위용을 느끼고, 유람선이 정박하는 옛 도시에 머물며 어머니―조국의 역사와 문화를 깊이 체험하는 것을 긍지로 여긴다.

12. 볼가 강의 유람선

생활수준이 높아지기 시작하면서 러시아에서도 해외여행 인구가 증가하고 있다. 러시아인들이 가장 선호하는 해외 휴양지는 터키, 이집트, 그리스, 아랍에미리트 등이다. 여성들은 추운 겨울을 따뜻하고 맵시 있게 보내고자, 모피를 값싸게 구입할 수 있는 그리스에 다녀오곤 한다. 2000년대 후반부터는 특히 오일머니를 기반으로 한 경제 호황 덕분에 유럽으로 여름 휴가를 다녀오는 사람들이 많다.

# 6. "술은 러시아인들의 기쁨이니, 그런 기쁨 없이는 살 수가 없도다."

한국인을 비롯한 전 세계 사람들에게 '러시아' 하면 떠오르는 것이 무엇인지 물었을 때 가장 많이 들을 수 있는 대답 중 하나는 아마도 '보드카' 일 것이다. 보드카는 이미 러시아를 상징하는 또 다른 이름으로 굳어진 지 오래다. '바닷물에 빠져죽는 사람보다 술잔에 빠져죽는 사람이 더 많다' 는 러시아 속담이나, '영하 40도의 혹한에서 아내 없이는 살아도, 흑빵과 보드카 없이는 살 수 없다.' 는 비유에서도 알 수 있듯이, 러시아인들은 아주 오래 전부터 술을 가까이하며 살아왔다.

987년 러시아에 이슬람교를 포교하고자 찾아온 사절단으로부터 이슬람신도들에게는 음주가 금지되어있다는 말을 들은 블라디미르 대공이, "술은 러시아인들의 기쁨이니, 그런 기쁨이 없이는 살 수가 없도다."라고 탄식했다는 일화는 유명하다. 국민 1인당 한 해 평균 18리터의 보드카를 마시고, 일 년에 약 4만 명이 알코올중독으로 사망하는 나라가 바로 러시아다. 이

정도면 러시아인들에게 술은 또 하나의 '종교' 이자 '이념' 이
라고까지 말할 수 있을 것이다. 러시아의 저명한 소설가이자
비평가인 안드레이 시냡스키는 러시아인들의 음주벽을 하나의
'고정관념' (idee fixe)으로, 보드카를 "러시아 사내들이 '검은
마법' (여성)보다 훨씬 더 좋아하는 '하얀 마법'"이라고 표현한
바 있다.

13. 보드카 진열대

　러시아인들은 보드카를 15세기경부터 마시기 시작한 것으
로 추정된다. 보드카를 뜻하는 러시아어는 '보다' (물)인데, 이
는 깨끗한 물로 만든 술이라는 의미를 지니고 있다. 호밀을 원
료로 하는 보드카는 무색, 무미, 무취 − 이른바 3무(無)의 술
로, 40도에서 80도에 이르는 독주임에도 불구하고 숙취가 없

는 것으로 유명하다. 원소주기율표를 최초로 작성한 러시아 화학자 멘델레예프가 보드카는 40도일 때 인체에 가장 무해하다는 실험 결과를 발표한 이후로 대부분의 보드카는 40도를 유지해오고 있다. 러시아에서 모든 공식행사의 연회장에는 반드시 보드카가 놓여야 하며, 건배를 할 때도 보드카를 위주로 한다. 보드카를 마실 때는 차가운 청어조림, 피클이나 야채, 캐비어 등이 좋은 안주이다. 러시아와 미국의 알코올 소비량에는 큰 차이가 없지만, 미국인들이 맥주나 와인, 칵테일을 즐기는 반면 러시아인들은 보드카를 더 많이 마신다. 하지만 최근 들어 젊은이들 사이에서는 보드카 소비량이 약간 줄어드는 대신 맥주와 와인, 샴페인 등의 소비량이 늘어나는 추세가 보이기도 한다.

술을 마실 때 반드시 건배사(toast)를 하는 것은 러시아만의 독특한 문화다. 술자리를 함께 하는 사람들은 한 순배가 바뀔 때마다 차례로 잔을 들고, 그 모임의 성격에 어울리는 인사말을 한 후 다함께 잔을 비운다. 대표적인 건배사로는 '자 바셰즈다로비예'(당신의 건강을 위해서)라는 다소 모순적인 말이나, '자 드루즈부'(우정을 위해), '다 드나'(밑바닥까지)라는 말이 있다. 러시아에서 건배사는 피할 수 없는 '의식'과도 같은 것이기 때문에, 손님들은 반드시 그 자리의 성격에 맞는 건배사를 준비하는 것이 좋다. 유머러스한 말로 분위기를 부드럽게 하는 경우도 있지만, 내용은 대부분 진지하다. 건배사는 보통 식사가 시작될 때부터 끝날 때까지 계속해서 진행되는 경우가 많다. 주인이 먼저 하고, 비중이 높은 손님 순서대로

답사 형식으로 계속된다. 세 번째 건배사는 반드시 여성을 배려하는 내용으로 이루어진다는 점 또한 러시아식 건배의 특징이다. 친근한 자리일수록 토스트를 마친 순간 잔을 끝까지 비우는 것이 관례이다. 이렇게 몇 차례 건배사를 주거니 받거니 하며 독한 보드카를 마시면 아무리 술이 센 사람이라도 취하지 않을 수 없다. 술이 거나해지면 러시아인들 역시 우리나라 사람들처럼 노래를 부르기도 하고, 평소에 알고 있던 시를 멋지게 낭송하기도 한다. 이런 풍습은 러시아인들이 서서 마시는 서구식 칵테일파티를 하지 않고 한국인들처럼 앉아서 마시는 것을 선호하는 것과도 연관이 있을 것이다.

과거 러시아에서 지나친 음주는 당연히 근무 태만과 낮은 생산성, 가정폭력과 이혼, 수명 단축 등의 문제를 낳았다. 하지만 이런 이유로 러시아인들에게 술을 마시지 못하도록 강제하는 것은 오히려 역효과를 초래할 뿐이다. 잘 알려져 있듯이, 1985년에 고르바초프 서기장이 집권 직후 금주령을 선포했을 때 엄청난 반발에 부딪쳤고, 집에서 담근 밀주('사모곤')를 마시고 사망한 사람들도 대단히 많았다. 술을 즐기는 문화는 오랫동안 러시아인들의 삶을 지탱해온 근본적인 요인이므로 결코 쉽게 없어지지 않을 것이다.

엄격한 사회시스템으로 인한 스트레스에서 벗어나기 위해, 길고 혹독한 겨울의 지루함을 떨쳐버리기 위해, 몸을 따뜻하게 하기 위해 러시아인들은 보드카를 마신다. 술은 러시아적 삶의 틀에서 벗어나는데 없어서는 안 될 윤활유 같은 존재라고들 말한다.

# 7. 바냐에서 생긴 일

러시아 텔레비전에서는 해마다 새해 벽두가 되면 어김없이 〈운명의 아이러니, 혹은 목욕 즐겁게 하세요!〉라는 제목의 영화가 방영된다. 이 영화는 소비에트 시기인 1976년 1월 1일에 선보인 이래 무려 37년째 러시아인들에게 사랑을 받고 있다. 남자주인공 줴냐는 12월 31일 밤에 친한 친구들과 함께 '바냐 (Banya)'에 가서 자신의 약혼을 축하하며 보드카를 진탕 마시고 취한다. 그래서 그는 약혼녀가 자신을 기다리고 있는 모스크바의 집으로 가지 못하고, 무려 750킬로미터 떨어진 레닌그라드(현재의 상트페테르부르크)로 날아간다. 함께 취한 친구들이 레닌그라드 출신의 다른 친구 대신 줴냐를 비행기에 태워 보냈기 때문이다. 이 사건으로 인해 줴냐의 운명이 바뀌게 된다. 러시아인들은 '새해 첫날을 함께 보내는 사람과는 절대로 헤어지지 않는다.'는 생각을 굳게 믿어왔다. 그래서 영화 제목처럼 '목욕 잘하세요!'라는 인사말이 있을 정도로, 한 해

의 마지막 날 자정에서 새해로 넘어가는 시간에 가까운 이들
과 함께 목욕을 한 후에 맥주나 보드카를 마시고 기분 좋게 취
하며 새해를 맞이하는 전통이 전해져 내려오고 있다.

'바냐'는 러시아 고유의 사우나를 지칭하는 말이다. '바냐에
가보지 않고서는 러시아를 이해할 수 없다'는 말이 있을 정도
로, 바냐에 다니지 않는 러시아인은 생각할 수 없다. 러시아
역사의 동란기에 참칭자 드미트리가 러시아인이 아니라는 사
실을 확인할 수 있었던 이유 역시 그가 바냐에 가려고 하지 않
았기 때문이다. 11세기 문헌에서부터 이 단어가 발견될 만큼,
먼 옛날부터 러시아인들이 바냐를 즐기기 시작한 가장 큰 이
유는 아마도 시베리아의 살인적인 추위를 이겨내기 위해서였
을 것이다.

시골에 있는 전통적인 바냐는 통나무로 만든 오두막 독채로
이루어져 있다. 바냐의 구조는 장작을 피워서 열기를 아궁이
로 밀어 넣고, 실내에 커다란 돌을 쌓아서 열기가 돌을 달구는
형태로 이루어져 있다. 시내에 위치한 바냐는 장작불 대신 전
기 페치카를 사용한다. 전통적인 오두막 바냐는 장작으로 실
내를 덥히기 때문에 실내가 시커멓게 그을려 일명 '검은 바냐'
라고 부르고, 도시형 바냐는 내부가 깨끗해서 '하얀 바냐'라고
한다. 바냐는 대부분 물을 쉽게 구할 수 있는 저수지나 강가에
세워져 있다. 전통적인 바냐의 한 쪽 구석에는 또한 러시아식
난로('페치' 혹은 '페치카')가 설치되어 있다. 장작불로 뜨겁
게 달구어진 이 난로에서 뿜어져 나오는 열기로 바냐 내부가
덥혀지면, 난로의 굴뚝을 막고 장작불을 끈 후에 물을 난로에

14. 전통적인 오두막 바냐의 외관

붓는다. 옛날 러시아인들은 이때 뜨거운 물을 붓지 않고 차가운 물을 부으면, 바냐에 사는 귀신('반닉')이 튀어나온다고 믿었다. 사우나를 할 때는 대개 흰 천을 몸에 두르고, 펠트천으로 만든 모자를 쓴다. 또한 자작나무로 만든 '베닉'을 물에 충분히 불린 후 뜨거워진 몸을 두드리며 마사지를 하는 것이 러시아 바냐의 특징이다. 이렇게 하면 자작나무의 좋은 기운이 혈액순환을 원활하게 해주어 몸속의 노폐물을 제거해주고, 피부를 탄력 있게 만들어준다고 한다. 사우나를 한 번 마친 후에는 오두막 밖으로 뛰어나가 눈밭을 뒹굴거나 강물에 뛰어 들어 열기를 씻어낸다. 러시아인들은 눈밭을 뒹굴 때 큰 소리로 고함을 지르면 몸속에 있던 나쁜 기운이 빠져나간다고 믿는다. 일명 '북극곰 수영'으로 알려진 얼음수영은 살벌한 추위에 굴하지 않고 건강을 지키는 러시아 고유의 비법이다. 몸이 충분히 서늘해지면 다시 독한 술 한 잔으로 차가운 속을 달래주기도 한다. 이렇게 냉·온욕을 반복하기 때문에 바냐를 하면 10년은 젊어진다고들 한다.

15. '베닉'과 사우나용 모자

　바냐는 또한 수세기 동안 러시아인들 사이에서 단순한 목욕 문화를 넘어 건강과 사교의 장소로 이용되어 왔다. 생일파티와 비즈니스 미팅, 이른바 '총각 파티' 등이 바냐에서 이루어지기도 한다. 한국식 접대 문화는 룸살롱과 골프장으로 대변되지만 러시아에서는 특별히 중요한 손님을 바냐에 초대한다. 대도시의 바냐는 예약제로서, 많아야 세 팀 정도를 동시에 수용한다. 보통 사우나, 냉탕, 마사지 시설을 갖춘 바냐 한 칸을 적어도 3시간 단위로 예약해야 한다. 비즈니스 파트너와 함께 바냐에 다닐 수 있는 사이가 된다면, 충분히 신뢰할 만한 관계가 형성되었다고 말할 수 있을 것이다. 러시아의 권력기관이나 대기업 중에는 시 외곽에 자체적으로 바냐 시설을 갖춘 별장을 소유하고 있는 경우도 있다.

　　러시아의 바냐는 일찍이 로마에서 유행했던 공중목욕탕이나 터키의 화려한 하맘에 비해 소박하고 원시적인 성격을 지닌다. 러시아인들에게 바냐는 피곤한 몸을 씻는 곳일 뿐 아니라 지치고 상처받은 영혼을 쉬게 하고 마음까지 정화시키는 곳이며, '바냐에는 장군이 없다.'는 러시아 속담처럼, 사회적 지위와 무관하게 자연 속에서 모든 인간이 평등해지는 쉼터이다.

# 8. 동네 스키와 세계 축구

소비에트 시기 러시아는 미국과 더불어 최대 스포츠 강국으로 기억되고 있다. 특히 체조와 피겨 스케이팅, 스키, 하키, 육상부문에서는 올림픽과 각종 국제대회에서 언제나 압도적 우위를 차지했다. 이것은 국민들의 건강 증진이라는 목적 이외에도 스포츠를 통해 열강의 위상을 지키기 위한 정부의 전폭적인 지원이 있었기에 가능한 일이었다. 한편 소비에트연방 해체 이후에는 경제적 침체와 우크라이나를 비롯한 연방 공화국들의 독립으로 인해 스포츠 분야에서 러시아의 지위가 예전처럼 강고하지는 못하게 되었다.

그러나 국제대회에서의 순위와는 무관하게 러시아인들이 일상 속에서 즐기는 고유의 스포츠문화가 존재한다. 1970년대까지 한국의 어린이들이 얼어붙은 논과 밭에서 썰매를 지치며 놀았듯이, 러시아의 어린이들은 요즘에도 아파트 사이에 있는 동네 구릉이나 드넓은 평지에서 '산키(Sanki)' 라는 이름의 눈썰매와 나무를 깎아 만든 스키를 타며 겨울을 즐긴다. 대부분 소박한 모양에 가격도 저렴한 이 눈썰매는 수십 여 가지 모양을 하고 있다. 이렇게 자란 아이들은 청소년기가 되면 스케이트와 인라인, 스케이트보드, 스키 등 다양한 스포츠를 즐긴다. 혹한에도 아랑곳하지 않고 어릴 때부터 눈밭에서 체력을 단련하는 러시아인들이 겨울 스포츠에 강한 것은 당연한 일인 지도 모른다.

16. '산키'를 타는 러시아 어린이

오늘날 축구는 러시아뿐 아니라 전 세계를 아우르는 뚜렷한 대중문화 현상으로서, 대규모 군중을 정서적으로 결합시켜 독특한 집단적 정체성을 형성해주는 스포츠가 되었다. 직접 축구를 하면서 즐거움을 느끼는 사람들 이외에도, 경기장에 가서 큰 경기를 관람하며 특정 팀을 적극적으로 응원하는 독특한 하위문화가 자리를 잡게 된 것이다. 러시아인들이 축구를 좋아하는 정도는 결코 영국인들에 뒤지지 않을 것이다. 추운 겨울에도 눈밭에서 축구를 하는 광경을 쉽게 발견할 수 있다. 또한 응원문화로서 '서포터즈 운동' 역시, 다른 나라들보다 늦게 태동했음에도 불구하고, 그 규모와 성장 속도, 사회적 영향력이라는 측면에서 결코 뒤떨어지지 않는다.

17. 러시아의 서포터즈들이 응원하는 모습

현재 러시아 축구 프리미어 리그에는 16개 팀이 속해 있다. 모스크바에 연고지를 둔 스파르타크와 체스카, 디나모, 상트페테르부르크의 제니트 등이 가장 크고 유명한 팀이다. 러시아에서 서포터즈 운동은 이들 팀을 중심으로 1970~80년대에 시작되어 다른 주요 팀들에게로 확산되었다. 서포터들은 머플러와 모자, 깃발, 플래카드, 악기, 폭죽 등 통일된 복장과 도구를 갖추고 열광적으로 자신들의 팀을 응원한다. 물론 '훌리건'으로 불리는 폭력적인 팬들도 존재하지만, 서포터즈 운동은 전 러시아적인 스포츠문화 현상으로 자리 잡아 가고 있다.

18. '삼보' 시범을 펼치고 있는 푸틴 대통령

주요 정치 인사들의 관심이 대중들 사이에서 새로운 스포츠 붐을 일으키는 경향도 찾아볼 수 있다. 보리스 옐친 전 대통령은 테니스를 좋아하여 재임시절에 '모스크바 테니스 컵' 대회를 개최하는 등 테니스에 대한 국민들의 관심을 고취시켰다. 안나 쿠르니코바와 마리아 샤라포바, '제2의 샤라포바'로 불리는 마리아 키릴렌코에 이르기까지 세계 테니스계에서 러시아 선수들의 약진은 이와 무관하지 않을 것이다. 씨름과 유도 챔피언 경력을 보유한 블라디미르 푸틴 대통령은 '삼보'라는 스포츠를 즐기는 것으로 유명하며, 현재 국제삼보연맹 명예총재이기도 하다. 삼보는 러시아 토착 레슬링과 몽고 씨름, 일본 유도 등의 장점을 모아 러시아 무술연구회에서 체계화한 경기이다. 삼보는 한국의 태권도, 일본의 가라데, 중국의 우슈처럼 러시아의 국기(國技)이기도 하다. 현재 많은 청소년들이 제2의 에멜리아넨코 표도르를 꿈꾸며 '60억분의 1의 사나이'가 되기 위해 삼보를 단련하고 있다.

# 4장 예술문화

"러시아는 오랫동안 유럽에 낯선 나라였다. 비잔틴으로부터 기독교를 받아들인 이후 러시아는 그 어떤 정치적 격변에도, 그리고 로마 카톨릭 세계의 지적 활동에도 전혀 참여하지 않았다. 러시아는 위대한 르네상스 시대에 조금의 영향도 받지 못했다. 우리의 선조들은 기사도에조차 순수한 환희를 느끼지 못했으며 십자군 원정으로 촉발된 유익한 변화도 꼼짝 않고 있는 북쪽 지방에서는 어떤 반응도 이끌어내지 못했다 … 러시아는 높은 천명을 부여받았다 … 러시아의 끝없는 평원이 몽골의 힘을 삼켜버렸고 유럽의 가장 변두리에서 그들의 침략을 멈춰 세웠다. 야만인들은 노예화된 루시를 자신들의 후방에 남겨둘 엄두를 내지 못하고 자신들이 온 동쪽 스텝으로 다시 돌아갔다. 교육받은 계몽을 구한 것은 갈래갈래 찢어져 죽어가는 러시아였다 …"

(알렉산드르 푸시킨, 1834)

# 1. 성스러운 미(美) - 이콘

988년, 전통적으로 믿어오던 동슬라브 신들을 뒤로하고 유일신을 믿는 정교를 국교로 삼은 이후부터 이콘은 러시아인들의 정신적 지주이며 신앙의 표상이자 소중한 자산이었다. 수도사 네스토르가 쓴 키예프 루시의 역사서인 〈원초 연대기〉에 따르면, 블라디미르 대공은 국가의 정신적 구심을 얻기 위해 국가 공인 신앙을 정하기로 하고 각국에 사신을 보냈다. 이때 비잔틴 정교의 본산인 콘스탄티노플에 다녀온 사신들은 하기야 소피야(성스러운 소피아) 성당에서 느낀 강렬한 체험을 대공에게 전하게 된다. 화려하고 웅장한 교회, 촛불과 향으로 가득한 내부, 아름다운 모자이크와 이콘들로 장식된 비잔틴 성당은 러시아인들에게 '성스러운 미' 그 자체였다. 아름다운 것이 악할 수 없으며 악한 것이 아름다울 수 없다는 생각을 가졌던 러시아인들은 시각적인 미(美)에 강렬한 영성을 부여하였다.

러시아인들의 신앙을 표상하는 이콘(ikon)은 이미지 혹은 초상을 뜻하는 고대 그리스어(εἰκών)에서 유래된 말로, 성서

속 이야기나 성자들을 그린 성화(聖畵)를 말한다. 이콘은 성스러운 신의 이미지를 재현하다고 하여 '색채 신학'이라고도 불린다. 러시아인들은 전통적으로 집안의 '아름다운 구석'이라고 불리는 성소에 이콘을 모셔두어 일상의 대소사를 신께 고하며 기도를 올려왔다. 정교회에 따르면, 이콘은 성스러운 빛에 의해 지상에 아름다움이 발생하고 그 빛의 상징인 색채와 물질적 화려함을 통해 천상의 신적인 미가 지상에서 가시화될 수 있으며 이러한 가시화를 통해 영혼을 고양시킬 수 있다는 믿음을 바탕으로 한다. 이는 언어적 개념과 이성적 추론보다는 미의 체험을 통한 직관적인 깨달음을 중요시 하는 정교의 사상과 관련이 있다.

이콘 종주국이었던 비잔틴의 이콘과 달리 러시아의 이콘은 색과 톤에 있어서 매우 독특한 특성을 가지고 있다. 비잔틴의 이콘이 금욕적이고 음울하며 무채색의 어두운 톤으로 처벌과 단죄에 대한 공포심을 통해 신앙을 강제한다면, 러시아의 이콘은 온후한 색조와 밝은 톤, 자비로운 모습으로 조화로움과 구원의 희망을 강조하고 있다. 지난 천 년간 러시아인들에게 이콘은 수많은 기적을 헌사하며 외세의 침입을 막아주고 내부의 단결심을 고양하는 공동체 의식의 상징이기도 했다. 〈블라디미르의 성모〉[1]는 몽골-타타르의 침입과 스웨덴의 침입을

---

1) 〈블라디미르의 성모〉는 러시아 이콘이 아니라 12세기 초 비잔틴에서 전해진 이콘이다.

물리친 기적을 행한 자비의 성모로서 현재까지 러시아인이 가
장 흠모하는 성화가 되었다.

1. 이콘 〈블라디미르의 성모〉
   (12세기, 국립 트레티야코프 미술관 소장)



  한편, 신앙을 갖지 않은 사람들에게 이콘은 그리 아름답다는
생각을 불러일으키지 않는다. 마치 우리의 심미안을 거스르려
는 듯 평면성이 과도하게 강조되어 있고 색채는 비현실적이고
시점 또한 부재한데다 비율도 기이하기 때문이다. 그러나 우
리의 눈은 르네상스 이후부터 서구의 제도화된 재현 원칙에

익숙해져 있다. 따라서 원근법도 소실점도 명암도 없는 이콘을 어떻게 보아야 할지 의아해 할 수밖에 없다. 그러나 이콘은 눈에 보이는 현실을 모방(재현)하는 것이 아니라 눈에 보이지 않는 진실을 보여주는 것이기 때문에 그 미(美) 또한 자연적 형식이 아니라 고귀한 내용에 의해 규정 받는다. 원칙적으로 수도사였던 이콘 화가는 관자로 하여금 묘사된 세계가 현실의 세계라는 생각에 빠지지 않도록 노력한다. 오히려 이콘 속 세계는 현실적이지 않으며 이상적이고 탈 물질적이라는 사실을 주지시키고자 부단히 애를 쓴다.

그럼에도 불구하고 '문명화된' 우리의 눈에도 아름다운 이콘이 있다. 그것은 15세기 러시아의 대표적인 이콘 화가인 안드레이 루블료프의 이콘이다. 역사적으로 키예프, 노브고로드, 프스코프, 블라디미르-수즈달 등지를 중심으로 각기 독자적인 이콘 화파가 형성되었는데 루블료프로 대표되는 15세기 모스크바 화파는 러시아 이콘의 전성기를 이루었다. 안드레이 루블료프(1375/80-1428)는 모스크바 크레믈린의 블라고베센스키 성당, 블라디미르의 우스펜스키 성당, 트로이체-세르기예프 수도원 등에서 작업하며 러시아 이콘의 전통을 확립한 인물로서 그의 이콘묘사 수법은 1551년 모스크바 공의회(백항회의)를 통해 이콘화가들이 준수해야할 본보기로 지정되었다. 루블료프의 대표적인 이콘 〈성삼위일체〉, 〈구세주〉, 〈사도 바오로〉등은 러시아의 수레국화에서 채취한 담청색과 연갈색과 같은 부드러운 색조를 사용하여 온화하고 부드러운 이미지를 자아냄으로써 러시아 고유의 민족적 정서를 표현하고 있

다. 240년 동안의 몽골-타타르의 지배에서 막 벗어난 러시아
인들에게 루블료프의 이콘은 정치적 혼란으로 인해 황폐해진
마음을 어루만지고 굳건한 심성을 고취하며 공동체성을 향한
열망을 불러일으켰다. 한편 루블료프는 이콘과 함께 러시아
정교회를 상징하는 이코노스타시스(ikonostasis, 성화벽)를
교회 건축 양식에 도입하였다.

2. 안드레이 루블료프 〈성삼위일체〉
(1411/1425 - 1427, 국립 트레티야코프 미술관 소장)


　　러시아 정교 교회 문을 들어서면 정면에 거대한 이콘의 벽을
보게된다. '러시아 이콘의 갤러리' 라 불리는 이 성화벽은 러시

아 정교에만 있는 독특한 구조물이다. 그리스도를 모신 제단과 신자들의 회중석을 가르는 이코노스타시스는 구약시대에서 그리스도의 신약시대까지, 아담에서 시작해서 천사와 순교 성인에 이르기까지 교회의 역사 전체를 하나의 평면에 나열함으로써 교회 내부를 우주의 시간을 압축한 소우주로 만들어준다. 이코노스타시스 하나가 과거와 현재 그리고 미래를 모두 보여주는 거대한 성서인 셈이다.

한편, 전통적으로 이콘은 가루 안료에 계란 노른자위와 꿀 혹은 우유와 물을 섞어서 칠하는 템페라 방식으로 만들어진다. 건조가 빠르고 투명물감의 광택이 시각적 효과를 만들어낸다는 이점 이외에도 건조가 된 후에는 변질되지 않고 온도나 습도의 영향을 받지 않기 때문에 이콘 화가들이 주로 사용하였다.

사실 유럽 가톨릭 문화에도 이콘이 존재한다. 그러나 가톨릭 문화 속 이콘은 성스러운 내용을 그린 예술품으로서 평가받지만 정교회에서 이콘은 신앙의 상징이자 전례품으로서 존경받는다. 신앙인에게는 그리스도가 인간의 몸을 빌어 신성을 내보인 것이 인간은 누구나 그 자신의 노력으로 그리스도가 될 수 있다는 증거(성육신成肉身)를 의미한다. 그리스도의 신성과 인성의 결합은 인간의 구원을 상징하며 그러한 인성과 신성의 결합을 가시적으로 보여주는 것이 이콘인 까닭에 러시아인들에게 이콘은 그 자체로 구원과 부활의 상징이 된다.

3. 17세기 코스트롬의 이파티옙스키 수도원, 트로이츠키
   성당의 이코노스타시스

# 2. 민중의 도서관 - 루복

루복(lubok)은 17세기부터 19세기 말까지 존속했던 러시아의 민중 판화이자 민속화이다. 발생 초기 귀족의 저택이나 농가의 살림방을 장식했던 루복은 민중들의 희로애락을 표현하는 도서관이자 삽화가 담긴 산문작품이기도 했다. 나무의 내피를 뜻하는 루브(lub)에서 유래된 루복은 민중을 대상으로 거래되던 싸구려 목판화, 판화용 판자를 의미한다.

17세기 정교회는 글을 모르는 일반 민중에게 정교를 보급할 목적으로 종이 이콘을 찍어내게 되었다. 금과 은, 귀한 보석들로 치장한 값비싼 이콘을 대신해서 보급된 저렴한 가격의 종이 이콘은 성스러운 전례물이자 집안의 장식물로서 일반 민중들이 기꺼이 구입해 소장하였다. 루복은 바로 이러한 종이 이콘에서 발생하였다. 따라서 루복은 태생적으로 대중의 소비의 대상이 되면서 대중의 욕구와 희망에 따라서 창조적으로 변형되며 다양한 주제를 자유롭게 다룰 수 있는 매체가 된다.

18세기 초 표트르 대제의 서구화 정책으로 문화가 상부와 하부로 나뉘기 전에 등장한 루복은 모든 계층의 사람들이 즐겨 구입하여 품절되기 일쑤였다. 루복은 차르의 궁정과 지주의 저택 뿐 아니라 농가의 벽에서도 쉽게 볼 수 있었다. 이러한 전체 민중적인 성격을 지니던 루복은 18세기 초에 문화가 급격하게 분화됨과 더불어 지배 계층에 의해 저급한 것으로 천시된다. 그리하여 19세기에는 루복에 대해 전문가들이나 문학자들이 극도로 낮은 평가를 내리게 되면서 결국 '루복적'이라는 수식어는 사회적 지위가 낮은 계층이 향유하던 구비문화 현상들과 '질 나쁘고 급조된 조잡하게 만든' 모든 재료와 양식들을 지칭하는데 쓰이게 된다. 결국 19세기 말에 루복은 전면적인 투쟁의 대상이 된다. 계몽가인 인민주의자들은 루복을 대중들의 진보를 가로막는 악이자 지적 타락이라며 이단시 하였다. 이들 입장에서는 일리야 레핀이나 니콜라이 크람스코이 등 엘리트 화가들의 그림이나 종교적이며 시민적인 '단정함' 이 '루복성'을 대체하는 가치가 되어야 했다. 한편 19세기 중반 정부의 발주에 의해 제작된 '어용 루복'이 정부의 정책 찬양과 차르 및 고위 관료에 대한 영웅화의 도구로서 이용된 것도 루복의 의미를 더욱 퇴색시켰다. 결국 19세기 말 루복은 장르로서 그 수명을 다하게 된다.

그러나 20세기 초 아방가르드 화가들을 중심으로 민중 판화를 바라보는 시각과 미학적 평가가 변화함에 따라 루복이 예술적 관심의 대상이 되었다. 1913년 미하일 라리오노프가 조직한 〈진본 성상화와 루복 전시회〉의 전시 목록을 통해 러시아 예술학 문헌상 처음으로 민중 판화에 대한 수준 높은 미학적 평가가 이루어진다. 이 시기부터 '루복적'이라는 수식어는 '선명하고 강렬한', '민중적인'이라는 의미로 통용되며 예술학자만이 아니라 문학사가들 사이에서 광범위하게 사용된다. 라리오노프와 곤차로바와 같은 모더니즘 계열의 화가들은 이콘과 더불어 루복에 나타난 다양한 색채감이나 구성상의 기법을 추상적인 현대 회화에 접목시키기도 하였다.

초창기 루복은 러시아 문화의 세속화 과정과 밀접한 연관을 지니고 있었다. 중세 러시아 이콘 화가들은 전문적인 능력보다는 온화한 종교적 감성을 목표로 성인들의 모습을 그렸다. 이콘 화가들은 규범의 창조자가 아니라 해석자들로서 교회가 지켜온 이콘묘사 수법을 준수하였다. 전문적인 이콘 화가가 아닌 민중 출신 장인들의 산물인 루복은 여러 제한과 규범으로부터 보다 자유로운 존재였다. 규범과 전통을 '개인적으로' 재해석하여 새로운 뉘앙스가 부여된 루복은 값비싼 이콘을 대신하여 서민들을 위한 일용적인 상품이 되고, 그 결과 '신앙은 문화로 의례는 구경거리이자 시원한 공기'로 변화되었다. 이에 대해 대주교 요아킴은 칙서(1680년)를 통해 "많은 상인들이 성화가 그려진 종이 그림을 나무판에 인쇄해서 내다 팔고 있다. 그것들은 성화를 그릴 줄 모르는 사람들이 이상하게 조각해놓은 것들이다. 대중들은 성인의 형상이 인쇄된 이 그림을 사서 건물이나 농가, 헛간이나 제단 등을 장식한다. 이것은 성인의 형상을 공경하기 위해서가 아니라 예쁜 것을 갖기 위해서이다. 이것은 또한 비양심적이며 두려움도 없이 신을 모독하는 행위이다."라고 한탄하기도 하였다.

4. 루복 〈고양이 장례식〉 (1725, 목판)

한편 루복의 전성기라고 할 수 있는 18세기에는 풍자 루복이 큰 인기를 누렸다. 특히 러시아의 황제 표트르 대제의 서구화정책과 계승자 예카테리나 여제의 정책에 대한 풍자는 민중들에게 큰 웃음과 위로를 제공하였다. 표트르 대제를 상징하는 수염 난 고양이가 등장하는 루복들이 갖가지 판본으로 제작되었다(〈고양이 장례식〉, 〈믿을 수 없는 이야기〉, 〈카잔의 고양이〉 등). 세태를 풍자하는 루복도 제작되었는데 물신주의,

귀족들의 위선적 태도, 어리석음, 허세 등에 대한 민중들의 유쾌한 폭로가 널리 확산되었다.

루복은 실제의 현실 세계가 아닌 뒤집어진 세계, 유쾌한 상대성의 세계에 주목한다. 그림 〈황소는 황소이기를 원하지 않았고 도살자가 되었다〉는 전복된 카니발적 세계를 유쾌하게 그리고 있다. 남자와 여자, 아이와 노인, 인간과 동물의 역할은 서로 전도되어 있다. 이 그림 속 세계는 카니발이 지닌 원초적 힘과 뒤집어진 운명의 수레바퀴에 의해 어지럽게 돌아간다. 익살적 루복의 주인공은 성스러운 존재가 아니라 바로 인간에게 항거하는 황소이며, 그의 희생물인 인간은 발이 위로 묶인 채 매달려 있다. 그 주변의 그림들에서는 양이 양치기를 몰고 가며, 앵무새가 주인을 새장에 가두어 말을 하게 하고 나귀가 사람에게 채찍을 휘두르며 밭을 갈게 한다. 어린 아이가 노인을 침대에 눕히고 울지 않도록 달래며 거지가 부자에게 적선을 한다. 학생이 선생을 열심히 공부하지 않는다는 이유로 때리며, 맹인이 멀쩡한 사람을 앞에서 끌고 가며, 남자가 발에는 모자를 머리엔 신을 신고 있다. 사냥꾼이 사슴을 피해 도망하고, 여자가 모는 마차에 당나귀가 탄다. 아내가 보초를 서고 있는 동안 남편은 집에서 실을 꼰다. 마지막으로 당나귀가 사람 머리를 깎고 있으며 우연히 그의 머리를 때린다. 이렇게 13개의 그림들 모두가 전도된 내용, 완전히 뒤집어진 세계를 보여주고 있다.

5. 루복 〈황소는 황소이기를 원하지 않았고
도살자가 되었다〉 (18세기 후반, 목판)

# 3. 삶을 이끄는 러시아 문학

　중세적 형태의 강력한 농노제가 19세기 중반까지 시행되었던 러시아는 유럽 국가들 가운데 정치적으로 가장 낙후된 나라라는 낙인을 면할 수 없었다. 황제의 철권 통치하에서 문학은 인텔리겐치야들의 자유의지를 표현할 수 있는 거의 유일한 수단이자 가장 효과적인 수단이었다. 철학도, 사상도, 혁명의지도, 혁명거부의지도 모두 문학을 통해 표출되면서 당대의 정치, 사회, 문화의 거울이 된 것이 바로 러시아 문학이었다. 19세기 러시아의 민중 시인 네크라소프는 '시인은 되지 않을 수 있으나, 시민은 되어야 한다.'고 말했다. 이는 문학의 사회적 의미를 강조한 말로서, 러시아에서 시인(작가)의 역할과 위상을 가장 잘 나타내주는 말이 아닐 수 없다. 러시아인들에게 문학은 언제나 문학 그 이상이었다.

　러시아 민족문학의 아버지라 불리는 알렉산드르 세르게예비치 푸시킨(1799~1837)은 러시아어를 진정한 민족어이자 문학어로 일신하며 시, 드라마, 소설 등 각종 장르를 망라, 러시아 문학의 '황금시대'를 탄생시켰다. 푸시킨은 당시 상류층의 언어인 라틴어와 프랑스어로 작품을 쓰던 작가들과 달리 간결하면서도 절제되었지만 생기 넘치는 아름다운 러시아어를 구사하여 러시아인들에게 민족어의 아름다움을 깨닫게 만들었다. 한편, 그의 대표작인 운문소설 〈예브게니 오네긴〉(1923–1932)은 19세기 초반 러시아의 도시와 농촌, 귀족과 농노, 사교계와 시골의 풍속과 생활상을 생생하게 구현하여 '러시아 현실의 백과사전'이라 불리기도 한다. 푸시킨은 이후 많은 작가들에게 계승된 인물형 – '강인한 여성'(〈예브게니 오네긴〉의 타티아나), '잉여인간'(〈예브게니 오네긴〉의 오네긴), '작은 인간'(〈역참지기〉의 삼손 브이린, 〈청동기마상〉의 예브게니) – 을 창조해냈다. 푸시킨은 18세기 프랑스의 계몽주의적 가치와 19세기의 낭만주의, 러시아의 역사의식, 민속전통 그리고 사실주의까지 아우른 인물이었다. 37살의 나이에 결투로 목숨을 잃을 때까지 빼어난 시들과 소설(〈벨킨 이야기〉, 〈대위의 딸〉 등), 서사시와 드라마(〈보리스 고두노프〉, 〈소(小)비극들〉 등)를 남겼다.

　19세기 러시아 문학을 단번에 세계 문학의 반열에 올린 이는 단연 도스토옙스키이다. 표도르 미하일로비치 도스토옙스키(1821–1881)는 스물다섯의 나이에 발표한 〈가난한 사람들〉(1846)로 '새로운 고골'이 등장했다는 찬사를 받으며 일약 문단의 총아로 등장했다. 고골과 함께 시작된 자연파적인 사회의식을 담고 있으면서도 가난한 자의 내면에 대한 날카로운 탐구로 가득한 이 작품을 통해 '자의식으로 가득찬 주인공' 이라는 도스토옙스키 특유의 인물이 창조되었다. 혁명서클인 페트라솁스키 사건으로 체포되어 죽음의 문턱을 경험한 도스토옙스키는 정신적 대 변환, 소위 '갱생' 을 경험하게 된다. 10년 동안의 유형 생활을 통해 도스토옙스키는 동시대 인텔리겐치야의 무신론적 인간중심주의의 문제점을 신랄하게 비판하며 인간의 구원의 문제를 그리스도 안에서 찾을 것을 주장하였다. 라스콜리니코프(〈죄와 벌〉), 스타브로긴(〈악령〉), 이반 카라마조프(〈카라마조프 가의 형제들〉)와 같은 인물들은 스스로를 선과 악의 한계를 넘어선 '초인' 이라고 생각하며 자신의 오만 속에서 스스로 붕괴되는 운명을 맞이한다. 도스토옙스키에게 예술은 종교의 길과 맞닿아 있다. 그가 단언한 '미가 세계를 구원하리라' 는 예언은 20세기 러시아 인텔리겐치야들의 종교적 믿음의 대상이 되기도 하였다.

소설가, 사회사상가, 교육자, 종교인, 마침내는 성자로 추앙받은 톨스토이는 도스토옙스키와 함께 러시아 문학을 세계문학의 정상에 올려놓은 인물이다. 작가로서 레프 니콜라예비치 톨스토이(1828-1910)는 그의 3대 소설 〈전쟁과 평화〉(1863-1866), 〈안나 카레니나〉(1873-1877), 〈부활〉(1889-1898)을 통해 19세기 러시아 사회의 흐름 전체를 파노라마적으로 보여주었다. 그의 작품들은 동물적 본능과 도덕적 자기완성 사이에서 끊임없이 갈등하는 과정에서 만들어진 분석적 심리주의, 소위 '영혼의 변증법' (체르니솁스키)을 특징으로 한다. 1870년대 말 '회심' 을 계기로 신학, 교육학, 예술이론에

몰두하며 윤리 사상적, 종교적 활동에 매진하던 톨스토이는 러시아 정교회에 대한 신랄한 비판과 함께 새로운 기독교를 모색하기도 하였다. 82세의 나이에 자신의 모든 것을 버리고 집을 떠나 시골의 간이역에서 홀로 사망한 톨스토이는 자신의 삶 전체를 통해 정언적 도덕률을 증거하고자 하였다.

의사이자 작가로서의 천명을 일평생 병행한 안톤 파블로비치 체홉(1860-1904)은 4대 희곡 〈갈매기〉, 〈바냐 아저씨〉, 〈벚꽃 동산〉, 〈세 자매〉의 작가로 잘 알려져 있다. 체홉은 러시아 문학의 중심이 19세기 사실주의에서 20세기 모더니즘으로 이행하는 시기를 가장 상징적으로 보여주었다. 작가를 민족의 정신적 지도자로 생각해온 러시아 문학의 전통 속에서 체홉은 사회의 문제를 진단하고 해답을 내는 것이 아니라 문제를 올바르게 제기하는 것이 바로 작가의 임무라고 생각하였다. 창작초기 희극적 요소가 강한 펠리에톤과 같은 단편 시기를 거쳐 원숙기에는, "평범한 일상생활 속에는 매 순간 살인이나 자살이 벌어지지는 않는다."는 그의 말처럼, 일상성에 대한 현대적 시각을 보여주었다. 의사나 사제, 대학생, 관리 등 '평균적 인간' 들을 통해 평범한 일상 속에서 감추어진 사회의 부조리와 모순들을 보여주었다. 특히 그의 희곡은 톨스토이와 도스토옙스키의 소설과 함께 서구에 러시아 문학을 확산시키는데 결정적인 역할을 하였다. 대표작으로는 4대 희곡을 포함, 〈대학생〉, 〈주교〉, 〈제 6 병동〉, 〈상자속의 사나이〉, 〈개를 데리고 다니는 여인〉 등이 있다.

러시아인들의 정신적 지주이자 삶의 본보기가 되었던 문학은 20세기의 세 번의 혁명과 두 번의 세계 대전, 내전 등을 거치며 러시아인들이 겪을 수밖에 없었던 가치의 혼란과 삶의 혼돈 속에서도 길을 잃지 않고 삶에 대한 희망을 안겨준 등불이 되었다. 20세기 초 네스테로프의 그림 〈민중의 영혼-루시〉에서 러시아의 운명을 짊어지고 나가는 인물들 가운데 서 있는 톨스토이와 도스토옙스키 그리고 블라디미르 솔로비요프의 모습에서 우리는 러시아 문학에 대한 러시아인들의 믿음과 희망을 엿볼 수 있다.

6. 미하일 네스테로프 〈민중의 영혼-루시〉
(1915-1916, 국립 트레티야코프 미술관 소장)

# 4. 그림을 들고 전국을 돌다

1861년 농노해방령이 공포된 이후 알렉산드르 2세의 개혁으로 형성된 자유주의적 분위기에서 러시아 사회는 사회적 변화에 대한 강한 기대와 설레임으로 들끓고 있었다. 이러한 분위기는 러시아 미술 엘리트의 산실, 상트페테르부르크 황실아카데미에도 확산된다. 19세기 중반까지 황실 아카데미는 공인된 신고전주의적 규범을 답습하며 그리스 로마 신화나 서유럽의 전설, 혹은 영웅 등의 정해진 테마와 역사화, 초상화와 같은 특정 장르의 그림만을 고집하고 있었다. 이에 13인의 젊은 예술가들은 주제 선택의 자유를 주장하고 사회 참여적 열망을 표출하면서 화가로서의 사회적 지위를 보장해주었던 황실아카데미를 뛰쳐나와 '자유예술가 연합'을 결성한다. 화가들은 자신들의 예술적 방식과 기호에 의해 그림을 그리는 시대가 왔다는 믿음을 가지고 있었다. 1870년 니콜라이 크람스코이는 협회를 탈퇴해 이반 먀소예도프의 주도하에 '러시아 화가 작품의 이동 전시회협회'를 결성하게 된다. 이 협회의 이름을 따 이들을 '이동전람회파'라고 부른다. 이동전람회파는 바실리 페로프, 레프 카메네프, 알렉세이 사브라소프, 니콜라이 게, 일라리온 프랴니시니코프, 이반 시시킨, 블라디미르 마콥스키, 콘스탄틴 사비츠키, 아르히프 쿠인지, 빅토르 바스네초프, 일리야 레핀, 바실리 폴레뇨프, 바실리 수리코프, 니콜라이 쿠즈네초프, 이사악 레비탄, 니콜라이 카사트킨, 미하일 네스테로프 등 러시아의 주요 화가들의 대부분이 참여하는 단체로 발전하게 된다.

아카데미즘 회화의 이상주의적인 미학과 전통적인 회화 규범을 거부하고, 민중들의 삶 속에 나타난 '민중성'의 요소들을 화폭에 옮기려 했던 이동전람회파의 활동은 미술판 '브나로드' 운동이었다. 이동전람회파 화가들은 러시아 민중에게 러시아 자연과 러시아 역사에 대한 애정을 심어주고자 하였고, 그런 그들의 활동은 트레티야코프와 같은 예술 애호가들의 전폭적인 지원으로 러시아 화단에서 커다란 영향을 미치는 그룹으로 성장하였다.

이동전람회파 화가들의 활동은 러시아 회화 발전에서도 매우 중요한 역할을 하였다. 19세기 말, 그들은 신고전주의를 넘어 사실주의 회화의 우세함을 보여주었으며 회화의 경계를 확장하였다. 기존 아카데미회화에서 소외되었던 장르화, 풍경화에 관심이 집중되었으며 역사화의 경우 러시아의 역사적 사건들이 주요한 주제로 채택되었다. 이동전람회파 화가들은 자신들의 그림을 전 러시아가 원하고 있음을 확고히 믿었으며, 그들의 그림이 사회적, 경제적 부정에 대항한 전투에서 무기가 될 수 있다는 신념을 가졌다. 그러나 1890년대 초반 이동전람회파 화가들이 황실아카데미의 교수직을 수락하면서 이동파는 미술계의 주류로 등장하게 된다. 이 과정에서 이동전람회파는 초기의 독창성을 상실하고 실험정신이 무뎌지면서 화단의 문화 권력으로 자리잡으며 또다른 부작용을 낳기도 하였다.

7. 바실리 페로프 〈장례식〉
(1865, 국립 트레티야코프 미술관 소장)

초기 이동전람회파를 대표하는 작가인 바실리 그리고로비치 페로프(1833–1882)의 작품을 보면 이동전람회파의 이데올로기적 지향을 분명하게 알 수 있다. 황실아카데미에서 풍속화로 금메달을 받아 외국유학의 특전을 얻었던 페로프는 파리에서 인상주의 화풍의 그림을 보고 "그림을 그리는 기술이라는 측면에서는 눈에 띄는 진척이 있었지만, 거기서는 진정으로 중요한 것은 창조할 수 없었다."고 언급하며 귀국후 〈장례식〉을 제작하였다. 사회적으로 최약자인 여성과 아이들이 매서운 겨울 날 누군가의 관(아버지!)을 끌고 묘지로 가고 있는 그림은 보는 이들로 하여금 즉자적인 동정심을 불러일으키며 뒤이어 그러한 상황을 가능하게 만든 세상에 분노를 느끼도록 만든다. 초기 이동전람회파의 그림은 이처럼 직설적으로 감성에 호소하여 주로 공분을 불러일으키려는 목적의식성을 분명하게 드러내었다. 한편, 있는 그대로의 현실을 묘사함으로써 내용의 진실성을 구하는 이들의 사실주의화풍은 기존의 아카데미즘과 구별되기 어려웠고 시간이 지남에 따라 비슷한 소재가 반복되는 현상이 나타났다. 이동전람회파 1세대의 주역이었던 크람스코이는 1870년대 이동파 화가들의 활동을 보면서 늘 '미학의 부족' 을 안타까워하였다. 크람스코이조차 해결할 수 없었던 이 문제를 해결한 화가가 레핀이었다.

일리야 예피모비치 레핀(1844-1930)은 서구 유럽에서 인상파가 가져온 예술적 충격을 러시아 방식으로 소화하며 원숙한 이동전람회파의 정점을 이루었다. 그의 대표작 〈볼가강의 배끄는 인부들〉(1873), 〈쿠르스크 현의 십자가 행렬〉(1883), 〈아무도 기다리지 않았다〉 (1884) 등에서는 러시아 사회에 대한 성숙한 성찰과 '빛' 에 대한 동시대 회화의 과제가 예술적으로 해결되어 있다는 평가를 받고 있다. 특히 '이동파화가들의 사회적 관점을 가장 예술적으로 보여준 작품' 이라는 평가를

받는 〈아무도 기다리지 않았다〉는 유형지에서 돌아온 혁명가
와 그를 맞이하는 가족들의 반응을 통해 인텔리겐치야와 러시
아 사회의 현실을 냉철하게 보여주고 있다.

8. 일리야 레핀 〈아무도 기다리지 않았다〉
(1884, 국립 트레티야코프 미술관 소장)

1871년에서 1923년까지 페테르부르크, 모스크바, 키예프,
카잔, 하리코프, 오데사 등 러시아 전국 도시를 순회하며 총
48회의 전시회를 연 이동전람회파의 활동은 세계 회화 사상
유례가 없는 사례라고 할 수 있다. 한편 이동전람회파 화가들
의 이데올로기와 스타일은 20세기 소비에트 시기 사회주의리
얼리즘으로 이어졌다.

# 5. 발레 뤼스,
# 유럽을 정복하다

‘발레 뤼스(Ballet Russes, 1911-1929)’ 는 20세기 초 춤과 음악 그리고 시각예술의 성공적인 종합을 보여준 러시아 모더니즘의 빛나는 결실이었다. 발레 뤼스는 1911년 공연기획자이자 예술비평가 세르게이 댜길레프가 창단한 이래 이후 20년 간 20시즌을 진행하며 유럽, 특히 프랑스와 영국에서 큰 성공을 거두었다. 발레 뤼스는 러시아의 대표 예술 상품이 되어 러시아 예술 문화에 대한 현재의 이미지를 만들어내는데 결정적인 역할을 하게 된다.

발레 뤼스의 댜길레프와 무용가, 음악가, 미술가와 메세나들은 발레의 개념 자체를 혁신하며 20세기 발레 발전에 지대한 영향을 미치게 된다. 세르게이 파블로비치 댜길레프(1872-1929)는 숨겨진 천재성을 알아보는 뛰어난 재능으로 바츠라프 니진스키, 미하일 포킨, 세르지 리파리, 조르지오 발란친 등 천재적 무용가들과 안무가들을 발레 뤼스에 영입하였다. 무대

디자인과 의상에는 레온 박스트, 알렉산드르 베누아, 나탈리야 곤차로바, 미하일 라리오노프, 나움 가보, 파블로 피카소, 안드레 드랭, 코코 샤넬, 앙리 마티스가 참여하였으며, 음악에는 리하르트 스트라우스, 에릭 사티, 모리스 라벨, 세르게이 프로코피예프, 클로드 드뷔시, 그리고 스트라빈스키와 같은 당대의 세계적 음악가들이 참여하였다.

발레 뤼스의 모태가 된 것은 1898년 상트페테르부르크에서 알렉산드르 베누아와 세르게이 댜길레프를 주축으로 만들어진 화가, 작가, 음악가, 비평가들의 그룹이자, 잡지이면서 전시회 조직이었던 〈예술 세계〉(1899-1906, 1910-1924)였다. 〈예술 세계〉란 명칭에서도 알 수 있는 것처럼 예술세계인들은 '예술의 사회적 의무'라는 19세기 러시아의 인민주의적 예술관을 거부하였으며, 동시에 부르주아적 삶의 형태도 극도로 혐오하였다. 이들은 '미가 세계를 구원할 것'이라 믿으며 인간의 정신적 가치를 강조하고 예술을 통해 세계를 계몽하려는 태도를 분명히 하였다.

〈예술 세계〉가 공식 해체된 이후 댜길레프는 러시아 고유의 문화를 유럽에 알리려는 목적으로 1906년 파리에서 첫 번째 러시아 시즌을 기획하며 러시아 미술 전시회를 개최하였다. 이후 댜길레프는 1907년 음악 콘서트를 기획하였으며 1908년, 1909년 오페라와 발레를 선보인 후 1910년 마침내 완벽한 발레 프로그램을 시작하였다. 댜길레프는 러시아의 풍부한 인적 자원으로 새로운 발레단을 창단할 수 있을 것이라는 확신 속에 음악, 무대 디자인, 안무가 결합된 완벽한 형식의 발레를 선보였다. 한편 〈예술세계〉 출신의 다양한 분야의 예술가들은 말과 노래 텍스트 없이 몸의 움직임과 무대, 의상, 조명, 음악 등으로 감성과 생생한 인상을 전달할 수 있는 종합예술 장르인 발레에 큰 관심을 가졌다. 발레 뤼스는 이들에게 예술적 힘을 하나로 모아 공동 창작이라는 새로운 방식으로 작업할 수 있는 예술적 공간이 되었다.

사실 표현예술의 일종인 발레는 오랜 기간 동안 연극이나 오페라에 삽입되는 부차적인 장르였다. 독립적인 발레극으로 정착된 것은 18세기 후반부터이며 우리에게 익숙한 현재 발레의 모습은 19세기에 이르러서야 정식화되었다. 19세기 초반 프앵트 기법(발끝으로 서기)을 사용하고 튀튀라 불리는 불룩한 치마를 입고 무중력의 환상을 보여주려는 요정과 같은 여성무용수들이 주 무대를 차지하는 낭만주의 발레가 탄생하며 큰 인기를 끌었다. 그러나 19세기 말 서유럽의 발레는 진지한 예술 형식으로서의 위상을 상실하였다.

반면 19세기말 러시아 발레는 오페라를 대체할 수 있는 진지한 예술로서의 가능성을 보여주었다. 유럽 발레가 사양길로 접어든 19세기 말에 서유럽에 비해 상대적으로 짧은 역사를 가졌던 러시아 발레는 차이콥스키의 3대 발레 〈잠자는 숲속의 미녀〉, 〈호두까기 인형〉, 〈백조의 호수〉를 통해 고전발레의 전통을 확립하며 고전 발레의 메카로 떠올랐다. 차이콥스키 이전까지 발레 음악은 무용을 보조하는 기능에 한정되어 있어 진지한 예술가들의 주목을 받지 못했다. 〈백조의 호수〉는 발레와 음악의 결합에 대한 세간의 생각을 바꿔놓았다. 이제 발레는 고도의 세련미를 갖춘 진지한 예술로서의 진면목을 각인시키며 기존의 고급 관객들이 선호하던 오페라와 나란히 서게 되었으며, 20세기 초에는 발레의 위상이 기존의 오페라를 대체하는 수준으로까지 올라서게 된다.

러시아 고전발레의 전통을 발판으로 〈발레 뤼스〉는 창립초기부터 고전발레의 틀을 넓히는 실험적인 성격이 강한 안무의 작품을 공연하였다. 그 중심에는 미하일 미하일로비치 포킨(1880-1942)이 있었다. 포킨은 명료성, 조화, 대칭 및 질서와 같은 형식적 가치들이 테크닉의 평가 대상이며 정서적인 내용은 부차적인 것으로 간주하는 아카데미 발레 스타일을 벗어나 보다 자유로운 몸의 움직임을 통해 극 전체의 의미를 표현해야 한다고 주장하였다. 포킨의 새로운 발레는 독무자 중심의 연속성 없는 무용 모음이 아니라 무용단원 전체가 극의 전개에 유기적으로 참여하여 극 전체를 표현하며, 무용의 극적인 내용을 표현할 수 있는 음악을 사용한다. 이러한 포킨의 새로운 발레 스타일은 열정적인 조직가이자 기획자인 댜길레프와 만나면서 20세기 모던 발레를 열었다.

한편 다길레프와 함께 〈발레 뤼스〉를 이끌며 여성무용수의 보조적 역할에 지나지 않던 남성 무용수의 위상을 획기적으로 바꿔 놓은 인물은 발레리노이자 안무가였던 니진스키였다. 바슬라프 포미치 니진스키(1889-1950)는 실험적인 안무와 춤으로 동시대 관객을 매료시킨 예술가였다. "나는 도약한다. 그곳에서 잠시 머무른다. 그 후 아래로 내려 온다."고 말할 정도로 니진스키의 테크닉은 완벽한 것이었다. 니진스키의 대표작인 〈목신의 오후〉는 드뷔시의 동명 작품을 바탕으로 한 실험적인 안무가 돋보이는 작품이다. 이 작품에서 그는 몸통이 옆면으로 보이고 머리, 다리, 발이 옆으로 제시되는 몸의 꼬여진 자세를 활용, 고대 이집트의 벽화를 연상시켰다. 목신과 요정의 짧은 만남을 그린 10분 분량의 이 작품은 특히 마지막 동작이 외설스럽다는 평을 받으며 논란의 대상이 되기도 하였다. 니진스키의 대표적인 안무 작품으로는 〈봄의 제전〉, 〈장미의 정〉, 〈희롱〉, 〈틸 오일렌슈피겔〉 등이 있다.

9. 〈목신의 오후〉 중 목신으로 분한 니진스키

〈발레 뤼스〉가 세계적인 명성을 얻게 된 데는 이고리 표도로비치 스트라빈스키(1882-1971)의 역할이 매우 컸다. 당시 작곡을 막 시작한 젊은 스트라빈스키는 댜길레프로부터 러시아 민담 〈불새〉의 발레 음악을 작곡할 것을 제안 받았다. 1911년 이 발레가 초연되자 스트라빈스키는 일약 전세계가 주목하는 작곡가로 발돋움하게 되었다. 이후 발레 음악 〈페트루시카〉, 〈봄의 제전〉을 연이어 발표한 스트라빈스키는 발레 뤼스의 전성기를 함께 한 작곡가가 되었다. 스트라빈스키의 발레곡들은 러시아 문화를 유럽에 알리면서 '신(新) 러시아 스타일'을 만들어내었다. 댜길레프는 동양적이면서 러시아적인 민속 발레를 보여줌으로써 서구의 오리엔탈리즘을 자극하여 유럽의 문화시장의 수요에 기민하게 대처하며 큰 성공을 거두었다. 댜길레프의 〈발레 뤼스〉는 러시아문화가 유럽 문화를 앞서 나간 최초의 사건이었다.

# 6. 차이콥스키와 러시아 음악

18세기 초 표트르 대제의 서구화 이전까지 러시아의 음악은 교회 음악과 세속 음악으로 엄격히 구분되어 있었다. 러시아 정교회의 음악은 악기를 배제한 인간의 목소리로만 이루어졌으며 여기에 교회의 종소리가 그 성스러움을 높였다. 세속적인 목적으로 스코모로히(광대)들이 구슬리(러시아 민족현악기)나 부벤(가장자리에 방울을 단 작은 북)과 같은 악기를 사용하기도 하였지만, 악기 사용이 성스러움을 훼손시킨다는 정교회의 오랜 믿음은 러시아에서 서구적인 음악의 발전에 걸림돌이 되었다. 그러나 표트르 대제의 개혁으로 러시아의 서구화가 진행되면서 서구의 음악과 악기들, 오케스트라가 도입되었으며 서구 음악가들이 초빙되고 러시아 음악가들의 해외 교육이 이루어졌다. 이후 19세기에 안톤 루빈시테인과 니콜라이 루빈시테인이 각각 페테르부르크(1859)와 모스크바(1866)에 러시아 음악원을 세워 러시아의 음악가를 전문적으로 양성,

배출하였다.

　그러나 1860년대 러시아 사회의 개혁적 분위기 속에 음악 분야에서도 서구편향적 아카데미 음악에 반대하며 러시아 구비문학과 민속음악의 사용을 강조하는 민족주의적 태도가 힘을 얻게 되었다. 이에 19세기 러시아 국민음악파라 불리는 미하일 이바노비치 글린카(1804-1857)와 '위대한 무리'가 등장한다. '위대한 무리'는 밀리 알렉세예비치 발라키레프(1837-1910), 니콜라이 안드레예비치 림스키-코르사코프(1844-1908), 모데스트 페트로비치 무소르그스키(1839-1881), 알렉산드르 포르피리예비치 보로딘(1833-1887)과 체자르 안토노비치 큐이(1835-1918) 등 5인조로, 클래식 음악에 러시아의 전통적 모티프와 스타일을 도입하고, 이를 대중화시키고자 노력하였다. 이들은 오페라 〈눈처녀〉, 〈사드코〉, 〈보리스 고두노프〉, 〈이고리공후〉, 〈호반시나〉 그리고 심포니 〈세헤라자데〉등 낭만주의적 민족주의 작품들을 주로 작곡하였다. 특히 오페라나 노래와 같이 내러티브가 중요한 장르들이 주류를 이루었는데, 이는 러시아 사실주의 문학의 발전과 맥을 같이 한다고 볼 수 있다. 이들은 고대 문학 작품이나 쥬콥스키, 오스트롭스키, 고골, 푸시킨 등의 문학 작품들과 러시아 민중들의 일상이나 러시아의 역사적 사건들에 관심을 기울였다. 국민음악파 작곡가들에게 음악이란 개인적인 창조물이 아니라 민중과의 대화 수단이자 민중의 본질을 형상화하는 수단이었다. '위대한 무리'의 이러한 민족주의적 태도는 1870년대를 거치면서 다양화되었으며 이 과정에서 이들과는 차별화된 새로운 음악 천재, 차이콥스키가 등장하게 되었다.

10. 표트르 차이콥스키

표트르 일리이치 차이콥스키(1840–1893)는 세계 음악사에서 가장 위대한 작곡가로 평가 받는 러시아 작곡가이다. 차이콥스키의 협주곡과 피아노를 위한 작품들, 7개의 심포니(〈만프레드〉 포함), 4개의 조곡, 표제음악, 발레곡 〈백조의 호수〉, 〈잠자는 숲속의 미녀〉, 〈호두까기 인형〉 등은 인류가 남긴 위대한 유산이 되었다.

1862년 막 개원한 페테르부르크 음악원에 입학한 차이콥스키는 졸업 직후 니콜라이 루빈시타인의 초청으로 모스크바 음악원에 교수로 초빙된다. 초창기인 1860년대와 70년대에 차이콥스키는 '위대한 무리', 특히 발라키레프와 림스키-코르사코프 그리고 진보적 비평가 스타소프와 친분을 유지하였다. 모스크바 시기로 불리는 이때 그는 러시아민속에 대한 관심을 가지면서 다양한 작품을 창조하였다. 오페라 〈사령관〉(1869), 〈운디네〉(1869), 〈오프리치니크〉(1874), 〈대장장이 바쿨라〉(1876)와 3개의 심포니, 3편의 4중주곡, 오스트롭스키의 〈눈처녀〉(1873), 〈사계〉(1876) 등을 작곡하였다. 이 시기에는 특히 러시아와 우크라이나 민요의 차용이 눈에 띤다.

그러나 그는 모차르트를 좋아했으며 유럽 고전주의 양식을 숭배하였다. 차이콥스키는 러시아 음악을 다른 음악에서 분리되거나 고립된 것으로 규정하기를 거부하였다. 차이콥스키의 이러한 '코스모폴리탄적' 태도는 동시대 '위대한 무리'의 민족주의적 태도와는 거리가 있었다. 이로 인해 그의 음악이 충분히 러시아적이지 않다는 평가를 받기도 하였다. 특히 그의 오페라 〈예브게니 오네긴〉(1878)이나 〈스페이드의 여왕〉(1890)은 다른 '무리'의 오페라의 배경(표트르대제 개혁 이전의 고대 러시아)과 비교할 때 유럽화된 러시아를 배경으로 하고 있다는 점도 주목을 끈다. 그는 자신의 발레와 오페라의 주제를 선택함에 있어서 보다 현대적이며 보편적인 주제를 선호하였다. 차이콥스키는 러시아 최초의 '국제적' 작곡가였으며 다음 세대 음악가들(라흐마니노프, 스트라빈스키, 프로코피예프, 쇼스타코비치 등)에게 새로운 길을 열어주었다.

차이콥스키의 발레곡은 '춤으로 표현된 음악 시'라 불린다. 그의 3대 발레곡 〈백조의 호수〉(1876), 〈호두까기 인형〉(1889), 〈잠자는 숲속의 미녀〉(1892)는 발레 장르를 오페라와 심포니와 같은 수준으로 격상시켰다. 이러한 차이콥스키의 노력은 이후 많은 다른 러시아와 소비에트의 작곡가들 - 〈레이몬다〉의 글라주노프, 〈로미오와 줄리엣〉과 〈신데렐라〉의 프로코피예프, 〈봄의 제전〉, 〈페트루시카〉, 〈불새〉의 스트라빈스키, 〈황금시대〉의 쇼스타코비치, 〈스파르타쿠스〉의 아람 하차투리안 - 이 진지하게 발레곡을 창작하는 계기가 되었다.

차이콥스키의 음악은 러시아 음악사에서 실질적인 전환점이 되었다는 평가를 받는다. 그의 음악에 대한 전문가적인 태도와 국제적 위상은 이전까지 러시아 작곡가들이 받아야 했던 '아마추어리즘'이라는 비난에 종지부를 찍도록 만들었다.

# 7. 스타니슬랍스키와
# 메이예르홀드



콘스탄틴 세르게예비치 스타니슬랍스키(1863-1938)는 감독이자 배우이며 교육자로서, 이후 100년 동안 러시아를 포함한 전 세계에 가장 널리 확산된 배우 시스템의 창시자이다. 그는 1888년 모스크바예술문학협회를 창립하였으며 1898년 네미로비치-단첸코와 공동으로 모스크바예술극장을 건립하였다. 스타니슬랍스키의 시스템은 20세기 연극사에 가장 큰 찬반논란을 불러일으키며 연극 발전에 지대한 영향을 미쳤다.

스타니슬랍스키와 네비로비치-단첸코는 19세기말 러시아 연극이 상업적이며 비예술적인 유흥으로 전락한 상황에 대해 불만을 가졌다. 그들은 낡은 관습과 거짓 전통을 넘어서 배우 예술의 본성을 살리는 진정한 전통을 만들어내야 한다고 생각했다. 1898년 스타니슬랍스키는 "우리는 누구나 관람할 수 있는 이성적이면서 윤리적인 극단을 만들고자 한다. 이러한 고귀한 목적을 위해 우리의 전 생애를 바칠 것이다."라고 선언하며 모스크바예술극장을 건립하였다. 연극을 교육으로, 극장을 학교로 생각한 이들은 대중을 위한 무대를 만들기 위해 극장 조직, 배우 교육, 관객 교육에 이르는 연극의 전 영역을 개혁하였다. 스타니슬랍스키는 자신의 전 생애를 예술극장에 바쳤으며 연극무대와 창작윤리 속에 예술의 위상을 분명하게 확립해나갔다. 이러한 그의 삶과 예술은 그에게 큰 영향을 주었던 레프 톨스토이의 그것과 비견할 만하다. 다른 모스크바예술극장인들처럼 스타니슬랍스키도 굽히지 않는 진정성과 끊임없는 자기검열 등 많은 것을 톨스토이에게서 배웠다.

1898년 스타니슬랍스키가 연출한 알렉세이 톨스토이의 비극 〈차르 표도르 이오안노비치〉의 초연은 모스크바 관객을 뒤흔들어 놓았다. 네미로비치-단첸코는 차르 표드르 역에 뽑힌 자신의 제자를 훈련시켜 '농민-차르'라는 감명 깊은 형상을 만들어냈다. 모스크바예술극장의 역사 분야의 레퍼토리는 〈차르 표도르〉에서 시작되었다. 이후 세익스피어의 〈베니스의 상인〉, 소포클레스의 〈안티고네〉, 알렉세이 톨스토이의 〈이반 뇌제의 죽음〉, 레프 톨스토이의 〈어둠의 힘〉, 세익스피어의 〈율리우스 시저〉가 연이어 상연되었다. 한편 체홉의 작품은 역사 레퍼토리와는 다른 직관과 감성 레퍼토리 계보를 열었다. 이후 그리보예도프의 〈지혜의 슬픔〉, 투르게네프의 〈시골에서의 한 달〉, 도스토옙스키의 〈카라마조프가의 형제들〉과 〈스테판치코보의 마을〉이 뒤를 이었다.

〈차르 표도르〉 이후 스타니슬랍스키와 네미로비치-단첸코는 안톤 체홉의 〈갈매기〉, 〈바냐 아저씨〉, 〈세자매〉, 〈벚꽃동산〉 등 모스크바예술극장의 대표작들을 공동으로 무대에 올렸다. 그러나 고리키의 〈밑바닥에서〉를 두고 두 사람 사이에 이견이 생기면서 1906년부터 두 사람은 각자 자신만의 희곡과 자신만의 무대를 따로 갖게 되었다. 이 무렵 스타니슬랍스키는 메이에르홀드와 함께 포바르스카야에 실험스튜디오(1905)를 설립하였다. 스타니슬랍스키는 레오니드 안드레예프의 〈인간의 삶〉을 무대에 올리며 자신이 구축한 새로운 연기 방법론을 통해 새로운 연극형식을 지속적으로 추구하였다.

11. 모스크바예술극장에서 상연된 체호프의 〈갈매기〉 포스터

‘스타니슬랍스키 시스템’으로 잘 알려진 스타니슬랍스키의 연기론은 1900년대와 1910년대에 만들어졌다. 이 시스템을 통해 배우의 역할이 창조되는 과정이 처음으로 의식적으로 이해되었으며 배우가 극 속의 인물로 탈바꿈하는 방법이 명확해졌다. 스타니슬랍스키 시스템의 목적은 배우의 연기가 심리학적으로 완벽히 믿을 만한 심리적 사실주의를 획득하는 것이다. 이를 위해서 중요한 것이 ‘심적 체험’인데 그의 시스템에 따르면, 배우는 극중 인물이 겪는 모든 것을 체험해야만 한다. 배우가 무대 위에서 특정한 삶을 진심을 다해 살게 된다면, 혹은 최소한 그렇게 스스로 믿는다면 그 배우는 자신의 역할을 올바르게 이해하고 있는 것이며 그럴 때라야 관객들도 비로소 배우를 믿게 될 것이다. 스타니슬랍스키는 “무대에 서있는 매 순간은 체험되는 감정의 진실성과 재현되는 행동의 사실성에 대한 믿음에 따라 인정받는 것이다.”라고 언급하였다.

반면 스타니슬랍스키의 제자이자 그의 반대자였던 메이에르홀드는 ‘심적 체험’을 벗어나 감정이 아닌 몸의 중요성을 강조하며 그 유명한 ‘생체역학’을 제시하였다.

20세기 실험 연극의 선구자, 아방가르드 예술가였던 브세볼로드 예밀리예비치 메이예르홀드(1874–1940)는 감독이자 배우였으며, 교육자이자 그로테스크 극 이론가로서 ‘생체역학(biomechanics)’을 창안하였다. ‘새로운 극단’을 조직, 본격적으로 연출 활동을 시작한 메이예르홀드는 혁명 전까지 코미사르젭스카야의 극장(메테를링크의 〈메이트리스〉, 블록의 〈발라간칙〉, 안드레예프의 〈인간의 삶〉 등), 알렉산드리아극장

(몰리에르의 〈돈 주앙〉, 오스트롭스키의 〈뇌우〉, 레르몬토프
의 〈마스카라드〉, 바그너의 〈트리스탄과 이졸데〉, 글류크의
〈오르페우스〉, 다르고므이지스키의 〈석상손님〉) 등에서 실험
적 연출을 이어갔다.

메이예르홀드의 '생체역학'은 배우의 신체 조형화와 동작의
조형적 아름다움에 주목하고 이를 통한 관객의 상상을 이끌어
내는 것을 주된 목표로 하는 과학적인 배우시스템이다. '생체
역학'은 다양한 극 유형(중세 일본과 중세 중국의 극형식, 유
럽의 광장 극, 코메디 델 아르테, 18–19세기 러시아 배우학교
등)의 경험과 20세기 초 심리학적 발전(미국 심리학자 W.제
임스의 '의식의 흐름', 감정의 생리학적 본성이론)을 바탕으로
한다. 메이예르홀드에 따르면, 배우는 자신의 신체를 이해하
고 동작을 연마하며 자신의 신경 운동기관을 단련해야만 한
다. 왜냐하면 신체 동작은 감정에 선행하는 것으로서, 동작의
발생과정을 이해하고 육체의 움직임을 익힌다면 감정은 뒤따
라오는 것이라 여겨졌기 때문이다. 또한 메이예르홀드는 역할
을 수행하는 배우의 감정은 본성상 인물의 예견되는 심적 상
황과 동일하지는 않다고 생각하였다. 즉, 극중 역할을 하는 배
우와 그 역할 사이의 감정은 완벽히 일치할 수도 그렇지 않을
수도 있다는 것이다. 메이예르홀드는 "우리의 몸은 우리가 감
정 혹은 억양이라고 부르는 모든 것에 영향을 미친다." 따라서
배우는 자신의 신체 표현수단을 정확히 사용할 수 있는 능력
을 갖추는 것이 무엇보다 중요하다. 메이예르홀드는 혁명 후
신체를 다지는 생체역학 프로그램(16개의 에튜드와 판토마임)

을 만들어 연출가가 요구하는 바를 배우가 최단시간에 표현할 수 있는 능력을 기르는 시스템을 체계화하였다.

스타니슬랍스키 시스템과 메이예르홀드의 생체역학은 20세기 세계 연극계의 가장 중요한 두 가지 방법론이 되었으며 러시아 연극을 세계 연극의 메카로 만들었다.

12. 콘스탄틴 스타니슬랍스키

13. 브세볼로드 메이예르홀드

# 5장 대중문화

## 1. 〈검은 눈동자〉와 로망스

보통 감상적인 사랑 노래로 알려져 있는 로망스는 민요를 제외한다면 러시아 대중들의 사랑을 가장 오랫동안, 아주 흠뻑 받아온 장르이다. 19세기 서유럽에 널리 퍼졌던 로망스는 러시아에서도 독자적인 발전을 거듭하면서 오늘날에도 많은 러시아인의 심금을 울리고 있다. 그것은 로망스가 자신의 경험을 너무나 애절하고 감미롭게 대변해주기 때문일 것이다.

러시아에서 로망스라는 단어는 스페인으로부터 18세기 중반에 유입된다. 19세기에 접어들어 로망스는 러시아 낭만주의 시인들이 즐겨 창작한 시 장르였다. 대중음악으로서의 로망스는 다름 아닌 주콥스키, 레르몬토프, 푸시킨, 튜체프 등 기라성 같은 시인들의 시에 작곡가들이 곡을 붙임으로써 시작된 것이다. 특히 러시아 문학의 아버지라고 칭송받는 푸시킨의 시는 러시아 로망스의 발전에 절대적인 영향을 미친다. 푸시킨이 왕성하게 활동하던 시기에 많은 작곡가들 역시 활약하게 되는데 특히 글린카는 푸시킨의 시에 곡을 붙여 로망스의 걸작들을 창조해냈다. 좋은 시로 만들어진 로망스는 점차 감상적 사랑의 테마뿐만 아니라 인간의 다양한 감성을 표현해 내게 되며 점점 더 대중의 사랑을 받게 된다.

러시아 로망스는 단지 좋은 시에 곡을 붙였기 때문에 러시아의 특별한 대중문화가 된 것은 아니었다. 러시아 로망스가 자리 잡게 된 배경에는 멜로디의 힘이 컸다. 로망스의 멜로디의 주된 원천은 러시아 민요였다. 부드럽고 우아한 러시아 로망스의 일반적 특징은 러시아 민요에서 비롯된 것이다. 우리에게도 잘 알려져 있는 〈검은 눈동자〉가 그 대표적인 예이다. 집시 로망스라고 일컬어지는 〈검은 눈동자〉는 그리뵨카의 시에 게르만이 곡을 붙인 것으로 가수 샬랴핀이 노래하여 세계적으로 유명한 곡이 되었다.

20세기에 접어들어 러시아 로망스는 더욱 대중화 된다. 대중화에 가장 큰 역할을 한 것은 단연 축음기와 레코드판이라고 할 수 있다. 이제 로망스는 가수들이 부르는 대중가요의 성격을 띠게 된다. 당시의 유명한 가수는 파니나, 플레비츠카야,

다비도프, 뱔제바 등이었다. 푸시킨의 시대에 버금간다는 블로크, 브류소프 등 20세기 초 시인들의 시가 로망스화 된 것도 이 무렵이다. 하지만 혁명 이후 로망스 가수들 중 상당수가 망명을 하게 된다. 이들은 망명지에서 로망스에 대한 애착을 여전히 간직하고 있었지만 별다른 발전을 꾀하진 못했다.

그 후로 러시아 로망스는 소비에트의 틀 안에서 생존은 하였지만 점차 대중성을 잃게 된다. 그러나 로망스에 탱고 리듬을 가미하여 흥겨움을 더하고, 60–70년대에는 아쿠자바나 페트로프의 시에 소비에트 작곡가들이 곡을 붙이는 등, 20세기 초의 대중적인 인기보다는 덜 하지만 여전히 로망스는 대중의 사랑을 받는 장르로 남는다. 그리고 로망스적인 특성은 바르드의 노래와 러시아 록에 일정 부분 영향을 미치게 된다.

그렇다면 러시아 로망스는 여타의 노래들과 어떤 차이를 지니고 있을까? 무엇보다도 로망스는 시를 멜로디화 했다는 점에서 다른 노래들과 차별된다. 서정적인 시를 가사로 사용했기에 로망스라는 노래가 독특한 선율을 얻게 되었다고 말해도 과언이 아닐 것이다. 이를테면 시 속에 녹아있는 희로애락의 감성이 멜로디로 변주되는 것이다. 작곡가는 시를 읽고 느낀 바를 악보로 변환시킨다. 때문에 같은 시도 작곡가에 따라 다양하게 변모될 수 있었다. 로망스는 그러나 지나치게 고상한 이상의 세계로까지 나아가지 않는다. 오페라라고 하기에도 어렵고, 그렇다고 팝송도 아닌 어중간한 장르인 로망스는 현실과 이상의 언저리에서 사람들의 애틋한 가슴을 어루만져주며 위로해준다. 이미 오래전에 발생한 러시아 로망스가 여전히 불리고 들려지는 이유는 바로 여기에 있다. 러시아 로망스의 현대적 버전을 듣고 싶다면 포구진, 캄부로바, 호친스키 등의 노래를 권한다.

1. 멜레나 캄부로바

특히 캄부로바의 음성으로 마리나 츠베타예바의 시에 곡을 붙인 〈나는 당신과 작은 도시에서 살고 싶어요〉라는 로망스를 들어본다면 더욱 좋을 듯하다.

# 2. 애수와 풍자와 저항의 노래 - 음유시인의 창작 노래시

구 소련시대에 대중노래라는 것이 있었다. 스탈린 시기인 1930년대에 자발적인 대중성과 창조적 예술성과는 전혀 다른 목적과 기능을 가지고 나타난 일종의 대중가요가 바로 대중노래라고 하겠다. 자발적인 대중성이 아니라는 대목에서 눈치 챘겠지만, 자연발생적으로 창작된 노래가 아니라 권력에 의해 대중에게로 전달되는 인위적 대중성을 지니고 있는 것이 바로 대중노래이다. 무엇보다도 선동적인 이데올로기적 메시지를 주 내용으로 하고 있는 것이 이 노래의 특징이다. 대중노래시의 테마는 주로 스탈린과 레닌에 대한 찬양, 사회주의 조국과 사회주의 건설에 대한 정열 그리고 소련생활의 행복함이었다. 〈스탈린 동무에게〉라는 노래의 몇 구절을 들여다보면 대중노래시의 모습이 확연해질 것이다.

노동하는 인민들이 전진하고/ 스탈린 당신은 그들의 깃발이 십니다/ ( … ) 당신은 온 우주에 알려져 있습니다/ ( … ) 내 생각 부족한 걸 알지만/ 나는 당신을 노래한답니다.

2. 소련의 병기 '카튜사'

이쯤 되면 용비어천가라 할 수 있다. 특히 '내 생각 부족한 걸 알지만'에 와서는 모골이 송연해질 따름이다. 하지만 2차 세계대전 중에 불린 대중노래들은 상황이 상황인지라 서정성과 감상이 녹아있는 곡들이 꽤 많이 만들어졌다. 대표적인 노래가 바로 그 유명한 〈카튜사〉이다. 전장으로 떠난 연인을 생각하며 부르는 이 노래는 전세계에 널리 퍼졌을 뿐만 아니라,

이 노래의 인기가 하늘을 찌를 듯 해 소련의 신병기인 다연발 로켓발사대의 이름이 카튜사라고 불리어지기도 했다.

'카튜사' 같은 노래도 있었지만, 대부분의 대중노래시의 의도는 다분히 정치적이었고 내용은 무미건조했다. 이런 상황 속에서 스탈린이 사망하자 소련에는 해빙의 시대가 온다. 해빙기에 문화의 다양한 분야에서 신선한 시도들이 행해진다. 검열과 압제가 스탈린 시대에 비해 느슨해졌기 때문이리라.
이 시기에 대중노래의 저변 속에 발생한 장르가 있었으니, 보통 창작노래시라고 일컬어지는 것이 바로 그것이다. 1950년대와 60년대를 가로지르며 발생한 창작노래시는 공식적인 대중노래에 반하며 비주류 문화를 대표하는 선두주자 중 하나가 되었다. 사람들은 작시를 하고 작곡을 하며 노래를 부르는 오늘날의 싱어송라이터같은 이들을 바르드, 즉 음유시인이라고 불렀다. 이들의 노래는 개인의 감정이 배제되고 정치적 수단으로 사용되었던 대중노래시들과 대립적인 관계를 형성하면서 발전하게 된다. 즉 스탈린 시대에 제한되었던 사회적이고 개인적인 주제들을 시로 써서 노래하였던 것이다. 바르드들은 이데올로기의 압력을 벗어나기 위하여 인간의 삶속에 녹아있는 모든 것들을 진솔하게 표현하고자 노력했고, 이들의 이러한 노력은 결국 당시 대중들에게 엄청난 호소력을 발휘하게 된다. 대표적인 바르드는 불라트 아쿠자바, 블라디미르 브이소츠키, 율리 킴 등이 있다. 아쿠자바는 서정적이고 낭만적인 내용으로 대중의 마음을 달래주는 잔잔한 노래를 만들었다. 그의 선한 이미지에 어울리는 나지막한 목소리는 그의 노래가사를 더욱 돋보이게 했다. 브이소츠키와 율리 킴은 사회적인 허위와 소비에트의 공식 이념들을 극복하려는 의지를 담은 풍자적인 노래를 주로 창작하였다. 율리 킴의 아버지는 김철상이었고 어머니는 니나 발렌티노브나였다. 그의 아버지는 바로 한국인이었던 것이다. 그는 어린 시절 아버지가 총살을 당하고 어머니가 유형에 처해지는 등 커다란 시련을 겪었다. 하지만 그의 노래는 쾌활하다. 러시아문학이 웃음과 눈물을 뒤섞어 놓은 것처럼, 그의 노래에도 슬픔과 쾌활함이 함께 묻어난다. 노래를 부르는 그의 육성에서 풍기는 장난스러움이 더욱 큰 슬픔을 내포하고 있지 않을까라고 생각하게 만드는 것은 이런 이유에서일 것이다.

풍자성 짙은 노래를 만든 또 다른 바르드는 브이소츠키이다. 하지만 그의 노래는 아쿠자바와도 율리 킴과도 다른 색깔을 띤다. 그의 노래는 풍자를 넘어 저항이라는 단어를 떠올리게 만든다. 러시아 록이 브이소츠키를 자신들의 전범으로 생각할 정도로 그의 노래는 진지하고 묵직했다.

3. 블라디미르 브이소츠키

　담배를 늘 물고 살 것 같은 그의 목소리는 허스키하다 못해 곧 커다란 가래가 튀어나올 듯하다. 이런 목소리 때문에 그가 연극배우가 되기 위한 오디션에서 번번이 떨어졌다는 일화도 있다. '불량음악'이라는 별칭이 생길 정도로 그의 노래는 소련 시대의 치부를 드러내는, 당시의 권력이 알리고 싶지 않은 주제들 — 거리, 군대, 수용소 등을 다루었다. 그의 노래 중에서 〈야생마〉는 특히 유명하다. 부드러운 발라드에 익숙한 귀에는 탐탁지 않을 것이 분명한 이 노래를 들어본다면 브이소츠키라는 바르드의 세계를 느낄 수 있을 것이다. 기타 하나에 의지해 시를 읊조리듯 노래를 부르던 바르드의 정신은 러시아 록이라는 장르에 의해 계승된다.

# 3. 빅토르 최와 러시아 록

　19세기 러시아에 니콜라이 바실리예비치 고골이란 작가가 있었다. 〈외투〉, 〈감찰관〉, 〈죽은 혼〉이란 작품으로 우리에게도 잘 알려진 인물이다. 그의 선조는 폴란드인이고 그가 태어난 곳은 지금의 우크라이나이지만, 국적상으로 고골은 러시아 제국의 신민이었다. 그의 복잡한 출생의 정황 때문에 오늘날에도 그가 러시아인인지 우크라이나인인지 말들이 많다. 그만큼 뛰어난 인물인지라 서로 자기 나라 사람이라고 주장하는 것일 테다. 한민족의 피가 흐르는 빅토르 초이가 이런 복잡한 상황에 놓여있다. 그의 선조는 한민족이고, 확실하게 입증된 바는 아니지만 그가 태어난 곳은 카자흐스탄이라는 설이 있다. 하지만 그가 1962년 태어날 당시 카자흐스탄은 소연방의 일원이었다. 당연히 그의 국적은 소련이었다. 그런데 소연방이 해체된 지금에 와서는 카자흐스탄과 러시아 모두 빅토르 초이가 자기 나라 사람이라고 주장한다. 우리 입장에서야 그가 러시아 사람이건 카자흐스탄 사람이건 중요하지 않다. 그가 한민족의 피를 물려받았다는 것이 더 중요하다는 것은 한국 사람이라면 당연히 드는 생각일 게다. 물론 그가 주로 활동했던 곳은 당시 레닌그라드라고 불렸던 러시아 제 2의 도시, 지금의 상트페테르부르크이다. 고골이 우크라이나어가 아닌 러시아어로 작품 활동을 했듯이 빅토르 초이도 러시아어로 작시를 하고 러시아에 대한 노래를 만들었다. 그리고 유명해졌다. 그래서 우리도, 러시아도, 카자흐스탄도 그를 자랑스러운 자기 나라 사람으로 생각하는 것이다.

4. 빅토르 초이

빅토르 최라고 대한민국에 알려져 있는 빅토르 초이는 한인 3세로 태어났다. 그는 20대의 나이에 록 가수로 그리고 영화 배우로 러시아의 국민적 영웅이 되었다. 그런데 러시아, 그러니까 당시 소련의 중심이던 국가와 록이라는 음악장르는 왠지 서로 어울리지 않아 보인다. 사회주의 체제와 록이라니! 그렇다면 빅토르 초이라는 록가수가 어떻게 사회주의 체제인 러시아, 즉 소련에서 국민적 영웅이 될 수 있었을까? 그리고 러시아에게 빅토르 초이는 어떤 의미를 지니는가? 한민족의 피가 흐르고 있는 빅토르 초이는 어떻게 러시아의 영웅이 될 수 있었을까? 우선 러시아에 록이 어떻게 유입되어 소련 국민들에게 알려졌는지를 알아보는 것이 이와 같은 의문을 해소할 수 있는 지름길이겠다.

러시아에 서구의 록이 수입되어 국민들에게 알려지기 시작한 시기는 1960년대 전후로서, 주로 모스크바나 레닌그라드 등과 같은 대도시를 중심으로 록 문화가 전개되었다. 러시아 록의 시대별 발전을 간략하게 요약하면 다음과 같다. 1960년대 중후반은 모방의 시기로 서구의 록 음악, 특히 영국과 미국의 록 음악을 러시아 록 그룹이 연주하던 시대였으며, 70년대에 와서야 러시아어로 된 록 음악이 창작되기 시작한다. 이후 70년대 중반부터 80년대 중반까지 지하작업실을 중심으로 록 뮤지션들이 활발하게 활동하는 시기를 거치면서 러시아 록은 80년대 후반부터는 단순한 하위문화에서 주류문화에 대항하는 저항문화로 변모한다. 90년대 초반에는 록 음악에 대한 대중적 관심이 급속도로 쇠퇴하며 러시아 록 문화는 위기를 맞게 된다.

　서구의 록을 도입할 당시 러시아의 록은 자본주의에 물든 철부지들의 장난으로 폄하되었지만, 차츰 기성세대의 관료주의 문화에 저항하는 목소리를 담았다는 점에서 청년들 사이에서 인기를 누렸을 뿐만 아니라, 현실에 안주하는 소련 국민들을 선도하는 문화운동의 성격을 지니기도 하였다. 이렇듯 러시아 록은 무료하고 위선적인 현실과 정신과 문화의 공허함에 대한 청년들의 저항에서 출발한다. 이런 성향의 러시아 록 문화는 공식주류문화와 항상 대척점에 있었다. 록 문화는 서브컬처로써 공식주류문화에 의존하지 않았을 뿐만 아니라 저항도 서슴지 않았다. 이들의 저항은 문화에만 국한된 것이 아니라 체제 자체까지 확장되었는데, 이들 중 많은 로커들이 군대에 가지 않기 위해 손가락을 잘라 내거나 정신병원에 스스로 자원해 가기까지 하며 사회적 체제에 순응하기를 거부하였다. 록 음악가들의 이러한 성향이 체제의 안정을 필요로 하는 정부가 보기에 탐탁할 리 없었기에 초기 정착이 순탄할 수만은 없었다.

　초기 정착이 쉽지 않았던 또 다른 이유는 쉽게 음원을 확보하기 어려웠다는 점이었다. 1950년대 말에서 60년대 초 해외에서 들여온 LP판이 소련에서 서구의 록을 들을 수 있는 유일한 통로였기 때문이다. 이러한 LP판은 주로 해외여행을 다녀온 사람들이나 외교관의 자녀들에 의해 러시아로 유입되기 시작했다. 여기에는 나폴레옹 전쟁으로 파리를 다녀온 러시아의 귀족장교들이 새로운 서구의 문물과 사상을 접하고, 자국의 현실을 비판하며 데카브리스트 봉기를 실행한 것과 유사한 점이 있다. 하지만 소량의 LP판으로는 물량의 한계가 있었으므로 복제가 성행할 수밖에 없었다. 그래서 나타난 것이 바로 'X-레이판' 또는 '갈비뼈 레코드' 라고 불리는 소련식 해적판이었다. 서구에서 들여온 음반의 가격은 지나치게 비싼데다가 암시장에서만 구할 수 있었기 때문에 병원에서 X-레이를 찍고 버리는 얇은 판을 복제의 수단으로 삼았던 것이다. 가운데 구멍을 뚫고 둥그렇게 가위로 잘라내 복사해 낸 복사판은 X-레이로 찍힌 갈비뼈가 선명하게 보이는 기괴한 것이었다. 하지만 이 복사판은 소련 초기 록 음악이 알려지는데 중요한 역할을 한 매체였다. 어쨌든 여러 여건상 록 음악이 소련 전역으로 확산되기 어려운 상황임에도 불구하고 러시아 록이라는 새로운 음악 장르는 서서히 자신만의 세계를 확장해 가게 된다.

그러나 소비에트 시기의 러시아 록의 운명은 그리 순탄한 편은 아니었으며, 소련을 이끌던 많은 지도자들이 러시아 록의 운명을 저울질하곤 했다. 그 중에서도 유리 안드로포프 서기장은 러시아 록을 가장 혹독하게 탄압했는데, 이러한 정권의 태도는 콘스탄틴 체르넨코 서기장을 거치고 1985년 4월 미하일 고르바초프가 등장하여 페레스트로이카와 글라스노스치를 주창하면서 새로운 국면을 맞이하게 된다. 이때부터 국영 라디오와 TV는 록 음악을 제약 없이 방송하였을 뿐만 아니라, 심지어 록 음악은 새로운 변화의 상징으로서 그 역할을 부여받게 된다. 이렇게 고르바초프가 공산주의라는 소련의 역사적 사명을 백지화시키는데 일조하고 있던 그 즈음에 빅토르 초이라는 스타가 탄생하게 된 것이다.

빅토르 초이는 1962년 6월 21일 레닌그라드에서 한국인 2세 최동열, 러시아 이름으로 로베르트 초이와 우크라이나 태생의 러시아인인 발렌티나 바실리예브나 사이에서 독자로 출생하여 성장한다. 1974년, 13살의 어린 나이에 초이는 막심 파쉬코프와 함께 '제6병동'이라는 밴드를 조직하였고, 같은 해에 레닌그라드 예술복원학교에 입학하여 목공예를 전공한다. 입학한지 6년째 되는 해인 1979년에 성적불량으로 퇴학을 당한 빅토르 초이는 공장에서 화부로 일하며 야간학교에서 공부한다. 1981년에 빅토르 초이는 알렉세이 르이빈, 올레그 발린스키와 함께 '키노'의 전신이 된 그룹 '가린 이 기페르볼로드이'를 결성한다. 그 후 발린스키가 군에 입대하면서 그룹은 키노로 이름을 바꾸고, 1982년 〈45〉라는 제목의 앨범을 발표한다. 같은 해에 초이는 병역거부를 위하여 정신병원에 입원하고 마침내 목적을 달성한다. 1983년에는 알렉세이 르이빈이 그룹을 떠나고 유리 카스파리안과 게오르기 구리야노프와 함께 그룹 활동을 한다. 음반작업 및 공연을 지속하면서 빅토르 초이는 1985년 마리아나와 결혼을 하고 알렉산드르 초이를 낳는다. 1986년에는 이고리 치호미로프가 그룹에 가담하여 키노는 4인조 그룹으로 거듭나게 된다. 이후 빅토르 초이는 영화에 주인공으로 출연하는 등 창작 인생의 절정기를 누리게 된다. 1988년에 앨범 〈혈액형〉이 발표되고, 1500만 명의 관중을 동원한 영화 〈이글라〉에 출연하여 그 해 오데사에서 열린 '황금의 듀크 영화제'에서 최우수 배우로 선정된다.

이제 그룹 키노와 빅토르 초이는 최절정의 인기를 구가하며 러시아 전역에 '키노마니아' 현상을 불러일으킨다. 키노는 1990년 6월 24일 10만 관중을 동원한 루즈니키 경기장에서의 대규모 공연을 마지막으로 러시아 전국 투어를 마친다. 이와 같이 음악인이자 배우로서 눈부신 삶을 살던 그 해 8월 15일 12시 28분 빅토르 초이는 라트비아의 리가 근교에서 돌연 교통사고로 사망하게 된다. 이처럼 28년이라는 짧은, 그렇지만 불꽃같은 생애를 보낸 빅토르 초이는 러시아의 개방, 개혁을 이끈 고르바초프에게 영향을 끼친 인물들 중 한 사람이었다. 개혁과 개방의 시기에 정치적으로 중요한 역할을 떠맡을 수밖에 없을 정도로 그의 음악은 당시 사회적으로 거대한 반향을 일으켰다. 도대체 빅토르 초이의 음악과 시가 당시 대중에게 어떤 영향을 미쳤기에 러시아는 아직도 그를 잊지 못하고 있을까?

빅토르 초이는 첫 앨범인 〈45〉에서부터 반체제 및 반전 성향의 노래를 부른다. 앨범 〈45〉에 수록된 곡 중 〈전기철도〉에서 빅토르 초이는 "내가 원하지 않는 곳으로 전기철도가 나를 데려간다."고 하며 체제에 억압당하는 개인들을 대변한다. 또 다른 곡 〈시간은 있는데, 돈이 없네〉에서 빅토르 초이는 당시 사회문제라 할 수 있는 젊은이들의 빈한한 생활을 풍자한다. 이 곡에서 초이는 비가 처연하게 내리는 상황에서 저녁식사 시간이 되었지만 식사할 돈도 없고, 그렇다고 마음을 달랠 담배도 불도 없는 젊은이들의 현실을 자조적이면서도 당당하게 고백한다. 이전의 반체제적인 노래가 〈전기철도〉를 배경으로 그려졌다면 1983년 발표된 앨범 〈46〉에서는 〈트롤리부스〉라는 교통수단으로 그 배경이 바뀐다. 이곳에서 빅토르 초이는 운전사도 없는 트롤리부스를 타고 어디로 가는지 왜 가는지도 모르고 목적도 없이 질주하는 모습을 그려 공전(空轉)하는 사회의 모습을 보여준다. 또한 〈10분전〉에서 9시 출근시간까지 10분밖에 남지 않았는데, 직장에서 자신을 욕하든 비웃든 어차피 늦잠을 잤기 때문에 어쩔 수 없다고 일상의 반복을 풍자적으로 노래한다.

　반전을 노래한 빅토르 초이의 대표곡은 제 2회 레닌그라드 록 클럽 콘서트에서 발표된다. 이 콘서트에서 키노는 반전음악인 〈비핵지대〉를 발표하고 이 곡을 앨범 〈이것은 사랑이 아냐〉에 싣는다. 이 노래에서 초이는 '나의 집을 비핵지대로 선포한다'고 하며 반전과 반핵을 노래한다. 빅토르 초이는 또한 군에 대한 비판적 시각을 〈엄마는 무정부상태〉, 그리고 〈혈액형〉이란 노래에서 풀어내며 반전을 소리 높여 노래한다. 혈액형의 가사를 음미해 본다면 빅토르 초이가 토로하는 반전에 대한 의미를 공유할 수 있다.

　( … ) 온갖 희생을 치르고 얻는 승리를 나는 원치 않네
　그 어떤 사람의 가슴을 군화발로 짓이기고 싶지 않네
　나는 너와 함께 머물고 싶다네
　그저 너와 함께
　그러나 하늘 높이 떠있는 별이 나를 진군하라 하네 ( … )

특히 〈혈액형〉은 키노마니아로까지 불리는 사회현상을 불러일으킬 정도로 대중의 엄청난 사랑을 받으며 빅토르 초이가 러시아 젊은이들의 우상으로 자리매김 될 수 있게 만든 곡이다.

그렇지만 빅토르 초이는 반체제와 반전만을 노래하지 않았다. 그는 뛰어난 서정적 감성으로 자신만의 세계를 표현했다. 앨범 〈밤〉에 실린 동명의 노래에서 초이는 "항상 밤을 사랑했네/ 밤을 사랑하는 것은 나의 일/ 그늘 속으로 사라지는 것은 나의 권리/ 밤엔 자동차가 드물기 때문에 밤을 사랑한다네/ 나의 담배에서 나오는 연기와 재를 사랑한다네"처럼 서정시를 록과 결합하여 신선한 자극을 준다.

어느덧 개혁과 개방의 시대에 노래로서 선구자가 된 빅토르 초이는 음반 〈마지막 영웅〉에 실린 〈변혁을 원해〉란 노래로 새로운 시대를 열어가는 선구자로서 다음과 같이 노래한다.

활활 타오르는 도시에 그늘이 내린다
변화! 우리의 가슴은 변화를 요구한다
변화! 우리의 눈은 변화를 요구한다
우리의 웃음에, 우리의 눈물에
그리고 우리의 맥박에
변화! 우리는 변화를 기다린다

이렇게 변화를 주창하는 그의 노래는 당시 소련 사회의 개혁을 주도했던 고르바초프에게는 큰 힘이 되었지만, 소련의 해체라는 위기를 안고 있던 소련 공산당에게는 빅토르 초이가 결코 달갑지는 않았을 것이다. 때문에 그의 갑작스런 죽음은 의도된 암살이었다는 음모설이 그가 떠난 지 20년이 흘렀지만 여전히 거론되고 있다.

한 시대를 풍미한 록 음악가 빅토르 초이는 마치 영화속 주인공 같은 비극적 운명을 맞이하게 된다. 1990년 8월 15일 발생한 교통사고로 그는 자신의 팬들을 남겨놓고 세상과 이별한다. 그가 사망한지 이틀째 되던 날, 〈콤소몰스카야 프라우다〉지에는 다음과 같은 기사가 실린다.

젊은 세대들에게 빅토르 초이는 그 어떤 정치인들이나 작가들보다도 중요하다. 그는 단 한 번도 거짓말을 하거나 자신을 팔아먹은 적이 없기 때문이다. ( … ) 그를 믿지 않을 수 없다. 대중에게 보이는 모습과 실제 삶의 모습이 다름없는 유일한 록 가수가 바로 빅토르 초이이다. 그는 그가 부르는 노래처럼 삶을 살았다.

살아생전 그가 남긴 "오늘 나는 자유를 위해 모든 것을 희생할 수 있다"라는 말 한마디는 그를 회고하는 모든 이들의 가슴 속에 뚜렷하게 각인되어 있다. 빅토르 초이는 사망한 지 3년 후 모스크바 콘서트홀 앞 명예가수의 전당에 러시아 바르드로서 인기를 구가하던 블라디미르 브이소츠키와 함께 헌액(獻額)되었다.

# 4. 러시아 영화, 그 어쩔 수 없는 진지함

　러시아인은 천성적으로 진지하다. 그들의 천성이 러시아의 진중한 문학과 예술을 낳았다고 해도 과언이 아니다. 하지만 러시아 내부에서 이러한 진중함은 소비에트 시기와 페레스트로이카 시대를 지나 점차 자본주의화 되면서 무색해져 가고 있다는 자성의 목소리가 높다. 하지만 그렇기만 할까? 여러 각도로 이 문제를 살펴 볼 수 있겠지만 러시아가 영화를 만들어 내고 즐기는 방향을 살펴본다면, 물론 단면이겠지만, 러시아의 진중함의 소멸 정도를 짐작해  볼 수 있지 않을까? 더구나 영화라는 장르는 현대 예술의 대표적 장르이자 특정문화의 공공적 코드를 담론화 하는 데 일조하고 있으니 말이다.

　우회적인 접근법으로서, 우리나라의 영화를 과연 러시아인들이 어떻게 해석하고 있고, 비근한 예로 중국과 일본의 영화를 어떻게 바라보고 있는지 살펴본다면, 엉뚱한 방향인 듯하지만, 러시아의 진지함이 살아 있는지의 여부를 조금은 알 수 있을 듯싶다.

　러시아에서 동북아 삼국, 즉 한국, 중국 그리고 일본의 영화 감독 중 그나마 소개가 가장 많이 되고 있는 감독은 김기덕, 박찬욱, 장이모, 기타노 다케시 정도일 것이다. 2002년과 2005년 사이의 러시아의 대표적 신문과 잡지인 〈이즈베스티야〉, 〈코메르산트〉 그리고 〈노보예 브레먀〉 등에 실린 영화 관련 기사를 조사해 보면 다음과 같은 투박한 결론을 얻을 수 있다. 우선 박찬욱 감독의 영화에 대해서는 상징적이고 시적인 요소들이 포함되어 있지만 영화 전반은 대중적이고 오락적이라고 러시아인들은 생각한다. 러시아에서 매우 높은 평가를 받고 있는 김기덕 감독의 영화에 대한 평가어는 실험적, 전위적, 시적, 상징적, 표현주의적, 독창적이라는 어휘들이다. 특히 2004년 〈코메르산트지〉에 실린 기사 내용 중 "김기덕은 타르코프스키가 추구하는 방향으로 나아갔다"라고 단언하는 부분이 있다. 이 한 줄의 내용이 김기덕을 바라보는 러시아인들의 시각을 단적으로 드러내고 있다고 생각된다. 안드레이 타르콥스키는 시적인 영상미를 창출해 내는 감독으로 찬사를 받았으며, 영화사조에 편승하거나 영합하지 않고 독자적인 작품세계를 일관하여 추구한 작가로 평가되고 있다는 것은 잘 알려져 있다.

5. 안드레이 타르콥스키

　러시아는 중국의 장이모 감독의 영화를 사회적이고 시적이며 상징적이라는 표현으로 평가하고, 기타노 다케시의 영화는 대중적이고 오락적이며 자극적이지만 사회참여적이고 반성적이라는 데 방점을 두고 있다. 상기한 감독의 작품세계가 열거한 평가어로만 해석될 수 없는 것은 당연하지만, 어쨌든 러시아인들은 이 감독들의 영화를 자기의 시선으로 바라본다. 러시아인들은 영화를 제작하는 감독의 생각을 우선 살펴보려하지 않는다. 그들은 위의 감독들의 영화를 미적인 가치와 더불어서 비판적 의식을 중심으로 판단한다. 특히 기타노 다케시 감독의 영화에서 유희적인 요소를 발견하면서도 영화의 내적 함의를 비판적 가치로 읽는 경향을 볼 때, 러시아인들의 진지함을 느낄 수 있다. 그들은 문화전반과 지적 전통에 있어서 비판과 풍자 그리고 미학적인 요소를 중시했고, 그것이 외국의 영화를 바라보는 시각에서도 드러나고 있다.

그렇다면, 러시아인들이 제작하는 영화는 어떤 모습일까? 21세기에 접어들어 러시아는 문학작품을 각색하여 영화로 만들고 있다는 점을 우선 소개할 필요가 있겠다. 고골의 〈죽은 혼〉, 레르몬토프의 〈우리시대의 영웅〉, 도스토옙스키의 〈죄와 벌〉과 〈백치〉, 톨스토이의 〈안나 카레니나〉, 파스테르나크의 〈닥터 지바고〉, 불가코프의 〈거장과 마르가리타〉 등이 그러하다. 러시아 문학에 관심 있는 사람이라면 들어봤음직한, 책으로도 완독하기 어려운 방대한 작품을 영화화하고 있는 것이다. 이 정도면 21세기 자본주의를 살아가는 러시아인들의 마음속에 여전히 진지한 문화에 대한 갈구가 내재되어 있다는 것을 인정하지 않을 수 없다.

21세기 러시아에서 생산된 영화는 무수히 많고 이 장에서 이야기하고자 하는 경향과는 전혀 다른, 상업적이고 대중적인 영화들도 양산되고 있다. 그 중에서도 세르게이 루키야넨코의 베스트셀러를 영화화 한 〈나이트 워치〉를 들먹이며 러시아인의 진중함을 말한다면 의견을 달리하는 이들도 어느 정도는 눈감아 줄 수 있을 것이다. 〈나이트 워치〉는 당대 흥행가도를 달리던 〈반지의 제왕〉과 같은 헐리우드 영화를 제치고 1,600만이나 되는 관객을 끌어 모았다. 대단한 흥행을 한 이 영화는 헐리우드 스타일에 아주 가까운 판타지 블록버스터이다. 하지만 기타노 다케시 감독의 영화 속에서 반성적이고 사회참여적인 모습을 찾아내는 러시아인들은 이 영화를 통해서도 진지한 철학을 탐구하고 있다. 가만히 이 영화를 들여다보면 선과 악이 상통하는 시각의 전환 그리고 실존의 세계에 대한 탐구가 영화의 흥미로운 줄거리의 이면에 깔려 있다는 것을 알 수 있다. 오죽하면 영화평론가들이 이 영화 속에서 도스토옙스키의 실존을 떠올릴까? 세르게이 루키야넨코는 한 인터뷰에서 "어스름은 마법의 공간이다. 초자연적인 능력으로 자신을 다른 존재라고 느끼는 사람들은 이 어스름의 층에 돌입하면서 자신이 선한 존재가 될지, 악한 존재가 될지를 결정하게 된다. ( … ) 모든 것은 이 층에 돌입하는 순간 바로 그 사람에 의해 결정된다. 이렇게 어스름 층은 어떤 진실의 순간이라 할 수 있다."라고 이야기한다. 러시아인들이 루키야넨코의 이런 생각이 녹아 있는 영화를 환영하며 반길 수 있었던 것은 그들에게 여전히 진지한 사고의 전통이 강력하게 작용하고 있기 때문일 것이다.

6. 영화 〈나이트 워치〉 포스터

# 5. 온라인 강국을 꿈꾸며

러시아하면 생각나는 것 중 하나가 드넓은 동토이다. 얼어붙은 땅 그리고 척박한 환경을 러시아와 함께 떠올리는 것은 어쩌면 당연할 것이다. 이런 나라에 광케이블이 거미줄처럼 깔려 있어야 가능한 사이버 스페이스가 가능할까? 소비에트 시대부터 러시아는 군사기술 위주로 발전해 온 나라이다. 때문에 통신 인프라가 뒷받침돼야 하는 온라인 공간이 러시아에서 자리 잡는 것은 쉽지 않았을 것이다. 하지만 세계는 온라인화되어 가고 있고 자본주의의 후발주자인 러시아는 이러한 세계적 조류에 재빠르게 발맞추고자 했다. 게다가 온라인 공간에서 만들어지는 모든 것들이 돈과 연결되는 상황이니 더욱 그럴 수 밖에 없었다. 일반적으로 온라인 공간에서 가장 경제성이 높다고 여겨지는 아이템 중 하나는 게임시장이다. 러시아도 이 시장에서 지분을 확보하고자 했다. 그래서 그들은 2002년 '일렉트로닉 러시아(Electronic Russia)' 라는 프로젝트를 시작한다. 이 프로젝트를 통해 러시아는 인프라 확충은 물론 온라인 게임시장에서 커다란 성장을 거둔다. 한국콘텐츠진흥원에 따르면 2015년까지 IT부분의 GDP비중을 17%까지 끌어올리고 2010년에는 전자정부와 지역 정보화 시스템을 러시아 연방 각 주체에 적용하는 것을 목표로 하여 진행되어 온 이 프로젝트는 지금까지 상당한 성과를 이루어냈다. 이러한 과정에 힘입어 현재 러시아 인터넷 사용자는 6,000만 명에 이르고 있다. 러시아 인구의 40%이상이 인터넷을 사용하고 있는 것이다. 유년층과 노년층을 제외하면 경제활동을 하고 있는 거의 모든 러시아인이 인터넷을 사용하고 있다는 뜻이다. 그렇다 해도 온라인 공간의 꽃인 온라인 게임에 지대한 관심을 갖고 있다는 사실을 모른다면 그저 이메일이나 주고받는 정도가 아닐까라고 섣부르게 생각할 수도 있겠다.

단도직입적으로 말해서 러시아인들의 대다수는 게임을 좋아한다. 러시아인들은 예로부터 카드놀이와 룰렛 같은 게임을 좋아했다. 러시아의 대문호인 도스토옙스키와 톨스토이가 카드놀이에 빠져 돈을 날린 적이 수없이 많았다는 사실이 그 단적이 예이다. 물론 온라인 게임이 도박은 아니지만 게임은 게임이다. 이런 거창한 인물들뿐만이 아니다. 러시아의 복사 게임 CD를 파는 곳에 가보면 어른, 아이 할 것 없이 무엇을 살까 고민하고 있는 모습을 자주 목격할 수 있다. 러시아의 온라인 게임회사인 '이노바 시스템즈(Innova systems)'가 조사한 바에 따르면 러시아의 온라인게임 유저의 수와 시장규모는 상당하다. 러시아 온라인 게임 시장의 규모는 2006년 3,700만

달러, 2007년 7,500만 달러, 2008년에는 1억 3,000만 달러, 2009년에는 2억 4,000만 달러로 성장하였고 2010년에는 3억 4,000만 달러에까지 이르렀다. 러시아 온라인 게임 이용자는 2009년 당시 1,700만 명을 기록하였으며, 이는 전체 러시아 인터넷 사용 인구의 38%를 차지하는 수치이다. 향후 러시아의 인터넷 사용자 중 온라인게임 유저는 인터넷과 IT인프라의 증가로 미루어 더욱 늘어날 것이라 판단된다. 전문가들은 러시아 온라인 시장이 이렇게 빠른 성장세를 보이는 이유로 인터넷전용망과 사용자 증가, 전자결재 시스템의 도입, 러시아 국내외 게임 개발 업체들의 지속적인 투자, 소셜 네트워크 서비스 이용 인구 증가 등을 꼽는다. 특히 페이스 북과 같은 소셜 네트워크를 이용하는 사람들이 기하급수적으로 늘고 있으며, 2012년 러시아 대선 당시 소셜 네트워크의 역할이 지대했다는 것은 잘 알려진 바이다.

E-Russia Project 이후 러시아의 온라인 시장은 괄목할만한 성장을 거듭했으며 자연스럽게 온라인 게임 시장의 규모도 급속하게 커지고 있다. 또한 심의가 없는 게임시장, 러시아를 기점으로 CIS국가로의 팽창 가능성이 농후한 이 시장은 충분한 매력을 지니고 있다. 이렇게 점점 커지고 있는 러시아 온라인 시장에 진출하려면 아마도 러시아 온라인 게임 유저들의 성향을 파악하는 것이 우선일 것이다. 러시아의 게임 유저들이 가장 많이 즐기는 상위권 게임은 World of Warcraft, 리니지 2, 아이온, 알로드 온라인 등이다. 미국 '블리자드 사'의 게임인 World of Warcraft와 러시아 토종 게임인 알로드 온라

인을 제외한 나머지 게임은 한국에서 출시된 것이다.

7. 온라인 게임 〈알로드〉

　이 게임들의 공통점은 판타지라는 점과 **PvP** 시스템을 갖추고 있다는 것이다. 이 점에서 한국에서 계속 생산되고 있는 여러 가지 온라인 게임의 유형이 러시아에서도 큰 호응을 얻고 있고 앞으로도 그러할 것임을 추측해 볼 수 있다. 최근 들어 시베리아 철도와 한반도 철도가 이어진다면 한국과 러시아의 교류가 급성장할 것이라는 기대가 모아지고 있다. 한국의 온라인 게임의 러시아 진출은 온라인이라는 특수성을 기반으로 하기에 어쩌면 시베리아 철도와 한국의 철도가 이어지기 전 두 나라 국민들의 교류를 촉진하는 유력한 수단이 될 듯하다.

# 6. 러시아의 아가사 크리스티

적어도 19세기의 러시아 문학은 세계문학의 정점에 놓여 있었다. 러시아의 위대한 문호인 톨스토이와 도스토옙스키의 작품은 우리나라의 여러 권위 있는 기관이 선정하는 세계문학의 단골메뉴이기도 하다. 이렇게 러시아 문학은 세계문학의 정전으로 읽히고 있다. 그런데 소비에트 해체 이후의 러시아의 문학은 예전만한 명성을 되찾고 있지 못하다. 그것은 아마도 러시아가 겪은 정치적, 경제적 풍파 때문일 터이다.

체제이행기의 험난한 세파 속에서 러시아인들은 고된 현실을 잊게 해주는 흥미 있는 읽을거리를 찾았고, 또 출판사와 작가들은 그런 대중의 요구에 부응했다. 러시아의 출판사들은 이런 저런 프로젝트성 출판 사업을 추진하였고, 그 결과는 성공적이었다. 러시아의 대형서점을 가보면 벽면 하나를 꽉 채운 포켓용 서적들과 맞닥뜨리게 되는데, 책의 내용을 가만히 살펴보면 그 대부분이 추리소설이라는 것을 알 수 있다. 재미

있는 것은 아쿠닌 같은 남성 작가도 있지만, 대부분의 러시아 추리소설 작가는 여성이라는 점이다. 여성들이 쓴 추리소설의 인기가 좋아서 남성들이 여성인양 필명으로 책을 낸다고 할 정도니 러시아 추리소설의 절대강자는 여성인 것이다.

러시아 추리소설의 특징이 어떠하기에 프로젝트 운운할 정도로 대형 사업화 된 것일까? 추리소설은 범죄 사건을 해결해 나가는 이야기이고, 주로 영국과 미국에서 강세를 띠었었다. 추리소설하면 당장 떠오르는 것이 에드가 포우, 코난 도일, 아가사 크리스티 같은 영미권의 작가들일 것이다. 추리소설에는 하드보일드 스타일, 서스펜스 스타일 등이 있지만 뭐니 뭐니 해도 퍼즐 스타일이 우리에게 가장 친숙하다. 탐정의 뛰어난 추리를 통해서 마치 퍼즐을 맞추듯 범인을 밝혀내는 과정이 손에 땀을 쥐게 하기 때문이다. 여기서 한 가지 주목할 점은 위에 열거한 작가들이 창조한 주인공들은 전부 남성이라는 점이다. 게다가 지적인 능력이 뛰어난 인물들이다. 오귀스트 뒤팽, 셜록 홈즈 그리그 에르퀼 포와르를 떠올려보면 고개가 끄떡여질 것이다. 에드가 포우는 자신의 주인공에 관하여 이런 말을 했다. "힘센 사람이 그의 체격을 자랑하고 근육운동을 하며 만족을 느끼는 것과 마찬가지로 분석가는 얽힌 문제를 풀어내는 정신적 활동에서 그의 영광을 찾는다.( … ) 수수께끼의 암호, 판독하기 어려운 글씨를 무척 좋아한다. 그는 각각의 해결책에서 통찰력의 힘을 발휘하고 평범한 의견에서 초자연적인 특징을 찾아낸다."

이쯤에서 러시아 추리소설로 돌아가 보자. 서구의 탐정들이 모두 남성이었다면 러시아 추리소설의 주인공은 대개 여성이다. 게다가 이 여성들은 에드가 포우가 이야기하는 남성 탐정의 지적 능력, 집중력, 논리성과는 거리가 멀다. 그들은 대체로 산만하고 부주의하며 게으르다. 더구나 신체적으로도 허약하다. 마리니나와 더불어 가장 인기 있는 여성 추리소설 작가인 돈초바의 주인공인 다샤는 이렇게 말한다. "나는 백수에다 게으름뱅이다. 커피한잔 살 돈도 벌지 못한다. 재능이란 없고 대학시절 프랑스어 문법의 기초만 머릿속에 쑤셔 넣은 게 다이다. 할 줄 아는 게 있어도 하기 싫다. 지겹기 때문이다. 침대에 뒹굴면서 추리소설을 읽는 게 제일 좋다. 나는 비밀스러운 역사를 좋아하고 어려운 상황에 빠진 친구들을 도와주는 일이 좋다." 한량이 따로 없다. 하지만 그녀는 친구를 도와주는 일을 좋아한다. 평범한 한 여성이 어려운 사건을 해결해 나가는 주역이 될 수 있는 이유가 바로 여기에 있다.

러시아의 아가사 크리스티라고 불리는 마리니나의 여주인공은 비록 형사이기는 하지만 평범한 이웃집 여성이라고 봐도 무방할 것이다. 아쿠닌이 마리니나로부터 러시아 소설의 붐이 시작됐다고 이야기 할 정도로 그녀는 러시아 추리소설의 여제로서 이미 오래전에 자리매김하였다. 그녀의 소설이 베스트셀러가 된 이유 중에 가장 주된 것은 그녀의 소설에 나오는 등장인물들이 바로 평범한 러시아 시민들 옆에 살아 숨 쉬고 있는 이웃이기 때문이다. 그 속에는 상점의 점원, 선생, 의사 등 보통 사람들의 이야기가 펼쳐진다. 마리니나의 여주인공의 이름은 아나스타샤 카멘스카야이다. 그녀는 보통 중산층 여성으로서 평범한 사람이 그렇듯이 많은 실수를 하고 오류를 범한다. 게다가 만성질환이 있어 항상 피로에 시달린다. 한마디로 그저 그런 우리 이웃인 것이다. 하지만 그녀는 사람과 사람간의 연대 그리고 상생을 추구하는 인물이다. 바로 이 점이 카멘스카야가 사건을 해결하는데 결정적으로 작용한다. 그녀는 사람들과 도움을 주고받으며 그로인해 사건이 해결되어간다. 러시아인들이 왜 여성 작가들이 쓴 평범한 이웃집 아줌마의 활약상을 사랑하는지 이해가 될 법한 대목이다.

8. 알렉산드라 마리니나

　　마리니나는 아가사 크리스티와 자신을 비교하는 것에 대해 영광스럽다고 하면서 이렇게 자평한다. "나의 책에는 도덕적이고 심리적인 문제, 인간관계의 급속한 변화, 인간의 특징 등이 펼쳐져 있다. 열거한 것들을 배경으로 하여 범죄사건과 그것의 해결들을 서술하고 있다." 마리니나의 소설을 번역한 한 한국의 번역가는 그녀를 도스토옙스키의 심리적 특징을 계승한 작가이나 아이러니하게도 소설이 너무 잘 팔려 손해를 본 작가라고 평한다. 그럴듯하다. 어쩌면 그녀의 작품은 추리소설이지만 현대 러시아의 평범한 서민들을 생생하게 묘사해내고 있다는 점에서 더 독자들의 호응을 불러일으키는 지도 모른다. 기존의 전통적인 탐정소설과는 다른 러시아 특유의 추리소설을 읽어보는 것도 흥미로운 일일 것이다.

# 1. 지도

노르웨이 해
스발바르(노)
스웨덴
바렌츠 해
발트 해
핀란드
라트비아
에스토니아
리투아니아
벨로루시
우크라이나
카자흐스탄
우즈베키스탄
투르크메니스탄
이란
키르기스스탄
타지키스탄
아프가니스탄
노바야제믈랴
카라 해
북극해
세베르나야제믈랴
러시아
중앙 시베리아 고원
서시베리아 평원
바이칼 호
몽골
중국
동시베리아 해
추크치 해
아나디리 만
베링 해
캄차카 반도
오호츠크 해
사할린 섬
동해
일본
대한민국
태평양
미국
©1998, Encyclopædia Britannica, Inc.

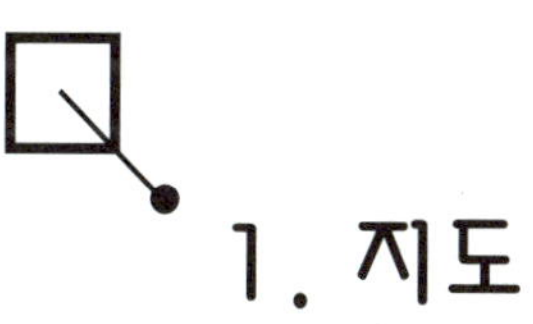

# 2. 개관

| 국가명 | 러시아 연방 (Russian Federation) |
|---|---|
| 면적 | 1,708만km² (한반도의 78배) |
| 인구 | 142,900,000명(2010년) |
| 수도 | 모스크바(1,150만명) |
| 언어 | 러시아어 |
| 화폐 단위 | 루블(Ruble, Rub)<br>코페이카 (1루블: 38.81원(2012.02.28 현재) |
| 종교 | 러시아정교, 이슬람교, 유대교, 가톨릭, 개신교 등 다수 |
| 주요 민족 | 러시아인(80%) 타타르인(3.8%) 우크라이나인(1.4%) 기타 100여 민족(고려인: 15만명) |
| GDP | 2조 218억$(US) (세계 9위, 2012 IMF 기준) |
| 1인당 GDP | 1인당 GDP 14,246$(US)<br>(세계 49위, 2012 IMF 기준) |
| 평균 수명 | 70.3세 (2011) / 남(64세), 여(76세) |
| 기후 | 대륙성 기후(모스크바 부근은 겨울 평균기온 영하 10도, 여름 평균기온 영상 16도) |

| | |
|---|---|
| 지형 | 서부 및 서시베리아 : 평원지역<br>동시베리아, 남부코카서스 및 극동지방 : 산악지대 |
| 러시아<br>연방 | 1991.12.25(소련 해체와 러시아 연방 성립) |
| 인접<br>국가 | 우크라이나, 벨라루스, 카자흐스탄, 아제르바이<br>잔, 중국, 몽골, 북한 등 |
| 시차 | 5시간 |
| 주요 자원 | 석유, 천연가스 등 |
| 전압 | 220V, 50Hz |
| 주요<br>기념일 및<br>경축일 | - 1.1~1.5 신년 연휴(공휴일)<br>- 1.7 러시아정교 성탄절(공휴일)<br>- 2.23 조국 수호의 날(공휴일)<br>- 3.8 국제 여성의 날(공휴일)<br>- 4.2 국민통합의 날<br>　(96년 러-벨라루스 공동체조약 조인일)<br>- 5.1 노동절(공휴일)<br>- 5.9 전승기념일(공휴일)<br>- 6.12 러시아의 날<br>　(공휴일, 러시아 공화국 주권선언일)<br>- 10.10 농민의 날<br>- 11.4 국민화합의 날(공휴일)<br>- 11.7 10월 혁명기념일(공휴일)<br>- 12.12 헌법의 날(1995년 신헌법 채택) |

# 3. 정치

| 정부형태 | 대통령중심제(연방공화제) |
|---|---|
| 국가원수 | 블라디미르 푸틴 |
| 내 각 | 총리 1명, 제 1부총리 2명, 부총리 7명,<br>장관 18명 |
| 의 회 | 양원제<br>– 상원 : 168석(2년 임기)<br>– 하원 : 450석(4년 임기) |
| 연방주체 | 21개 공화국, 9개 지방(krai),<br>46개 주(oblast),<br>1개 자치주, 4개 자치구(okrug),<br>2개 시(모스크바, 상트페테르부르크) 등<br>총83개 |

# 4. 주요 행정구역

| | |
|---|---|
| 2개 시 | 모스크바, 상트페테르부르크 |
| 21개 공화국 | 아디게야, 칼미크, 다게스탄, 북오세티야, 잉구세티야, 사하(야쿠티야), 코미, 카렐리아, 부랴티야, 타타르스탄, 체첸 등 |
| 46개 주 | 모스크바, 레닌그라드, 칼루가, 키로프, 사라토프, 펜자, 무르만스크, 프스코프, 볼고그라드, 툴라, 랴잔, 트베르, 스몰렌스크 등 |
| 9개 지방 | 스타브로폴, 페름, 알타이, 자바이칼스크, 크라스노야르스크, 연해주, 하바로프스크, 캄차카, 크라스노다르 |
| 4개 자치구 | 추코트, 야말-네네츠, 네네츠, 한티-만시아 |
| 1개 자치주 | 유대인 자치주 |

# 5. 국기
## (가로, 세로 비율 3:2)

| 국 기 | | 우주적 개념 | 상징 |
|---|---|---|---|
| | 하양 | 천상 세계 | 고귀함, 진실, 고상함, 솔직함, 자유, 독립 |
| | 파랑 | 하늘 | 정직, 헌신, 순수, 충성 |
| | 빨강 | 속세 | 용기, 사랑, 자기 희생 |

# 6. 문장

| | |
|---|---|
|  | 쌍두 독수리는 러시아 전통의 계승과 중앙권력의 권위를 상징 |
| | 5개의 왕관은 입법, 행정, 사법권을 의미 |
| | 독수리 발톱의 홀과 구는 주권수호의 의지와 국가 통일성을 의미 |
| | 중앙 기사의 방패는 악과의 투쟁과 모스크바의 중요성을 상징 |

부록

239

# 7. 역사

## 키예프 공국 (9세기 말-13세기 초)

9세기 이전의 러시아에는 러시아인의 조상인 동슬라브족이 6-8세기에 드네프르강 중상류 지역에 정착하여 살고 있었다. 노브고로드를 통치하던 올레그가 882년 키예프를 수도로 정하고 키예프 공국을 건국하였으며 몽골에 의해 멸망할 때까지 350여 년 간 존속되었다.

블라디미르 대공(980-1015)은 비잔틴과의 관계를 강화하기 위해 비잔틴의 황녀 안나와 혼인하면서 세례를 받았고 988년 비잔틴으로부터 동방정교를 국교로 수용하여 국가 통합을 이루고 찬란한 러시아문화를 이룩하였다. 1019년 키예프 공국의 황금기였던 야로슬라프 현공 시대에 슬라브족 최초의 법전 〈루스카야 프라브다〉가 편찬되었다. 유리 돌고루키(1149-1157)는 1147년 모스크바 도시를 건설하였고, 이때부터 모스

크바가 역사에 등장하였다. 안드레이 보고륩스키(1157-1174)
는 수도를 키예프에서 블라디미르로 천도하였다.

## 몽골-타타르의 멍에 (1240-1480)

키예프 공국을 무너뜨린 것은 13세기 세계를 휩쓸었던 몽골
의 침입이었다. 13세기 몽골의 침입으로 러시아는 초토화되었
다. 몽골에 의해 지배를 받던 시기에 몽골의 통치목표는 직접
통치보다는 인력 및 재화의 공출에 있었다. 그렇기 때문에 러
시아가 그러한 요구를 제대로 들어주고 반기를 들지 않는 한
내정문제에는 간섭하지 않았다.

이반 1세(1328-1340)는 칼리타(Kalita), 즉 '돈주머니' 라는
별명을 들을 정도로 재화에 밝았으며, 몽골-타타르의 요구를
충실히 들어주었다. 그러나 다른 한편으로 그는 내부적으로
모스크바 공국의 힘을 키워나갔다. 굴욕의 시대를 거치는 동
안 힘을 키운 모스크바 공국은 이반 3세(1462-1505) 시대에
타타르의 내분을 이용하여 타타르의 압제로부터 벗어났다.

## 모스크바공국

러시아는 '몽골-타타르의 멍에' 기간 동안 서유럽의 종교개
혁과 문예부흥의 영향으로부터 단절되었다. 동양적 절대주의
와 군국주의적 잔재는 몽골 지배의 유산이다.

이반 3세는 모스크바에 크레믈린을 건축하였고, 농노제의

기초가 된 새로운 토지소유제도인 '포메스티예(Pomest'e)'라는 제도를 도입하였다. 로마 황제 '카이사르'의 러시아어 표현인 '차르'를 황제를 지칭하는 용어로 사용하기 시작하였다.

이반 4세(이반 뇌제, 1530-1584)는 1552년 카잔을 점령하고, 1556년 아스트라한을 병합하여, 모스크바 공국의 영토를 북쪽의 북극해에서 남쪽의 카스피해, 동쪽의 시베리아까지 비약적으로 확대하고 '차르(Tsar)' 칭호를 공식적으로 사용하였다. 1556년 귀족계급을 억압하기 위해 특별영지를 차르의 소유로 귀속시킨 '오프리치니나(Oprichnina)'를 실시하여 귀족들의 반발과 소요가 발생하였고, 공포정치가 실시되었다. 1570년에는 귀족억압 정책에 불만을 품은 노브고로드를 공격하여 봉건적 분열에 종지부를 찍고 모스크바 중심의 중앙집권 국가를 건설하였다. 이반 4세는 러시아 번영의 기틀을 마련하였으나 폭군이었다.

이반 4세의 통치기간 동안 중앙집권제가 확립되고 영토가 크게 확대되었으나, 후계 문제 때문에 러시아는 동란의 시대로 접어든다. 이반 4세가 사망하자 그의 서자인 표도르가 차르가 되었으나 1년도 안되어 병들어 죽었다. 차르의 지위를 계승할 자식이 없었기 때문에 류릭 왕조의 시대는 끝나게 되었다.

표도르의 매형인 보리스 고두노프가 1584년에서 1598년까지 차르로서 러시아를 통치했다. 보리스 고두노프 사후 차르의 자리는 오랫동안 비어 있었다. 이 기간 동안에 이반 4세의 아들인 드미트리를 참칭하는 가짜 차르가 3명이나 등장하였고, 폴란드의 침공으로 1611년에는 모스크바까지 함락되었다.

폴란드군을 격퇴한 후 1613년 러시아 젬스키 소보르는 이반 4세의 아내 아나스타샤 로마노바 집안 출신인 미하일 표도로비치 로마노프를 새로운 차르로 선출하였다.

## 로마노프 왕조 (1613-1917)

미하일 표도로비치 로마노프(1613-1645)
- 혼돈의 시대를 끝내고 러시아 제국을 정비하였으며 우크라이나를 병합함.

## 표트르 1세 (표트르 대제, 1682-1725)

- 서구화 정책을 실시하고, 러시아를 제국으로 발전시킴
- 유럽 선진국의 제도, 기술 등을 적극적으로 도입
- 스웨덴과의 북방전쟁에서 승리하여 현재의 상트페테르부르크를 건설하고 수도를 이전함.

## 엘리자베타 (1741-1761)

- 교육과 예술의 발전을 장려하여 러시아 최초의 대학교인 모스크바 대학교(1755)와 예술 아카데미를 설립
- 현재 에르미타쥬 박물관이 자리한 겨울 궁전 건축

## 예카테리나 2세(예카테리나 여제, 1762-1796)

– 계몽정치(문화정치) 실시

– 학문을 장려하고 학교 건립 등 교육분야에 관심을 기울임.

– 1773년 푸가쵸프의 난을 제압하고 전제정치를 다시 강화

– 오스만투르크와의 전쟁을 통해 흑해 연안 지역을 확보하
   였으며 프랑스 문화를 수용하여 러시아 문화의 르네상스
   시대를 개시함.

– 행정개혁과 문예 부흥 등의 공적을 높이 평가받아 예카테
   리나 대제라고도 불림.

## 알렉산드르 1세(1801-1825)

– 1812년 나폴레옹의 러시아 침공 격퇴

– 러시아군의 유럽원정, 유럽의 자유사상 유입

## 니콜라이 1세(1825-1855)

– 1825년 데카브리스트 봉기 진압

– 1853년-1856년 러시아-터키 간 크림전쟁에서 패배

## 알렉산드르 2세(1855-1881)

- 1867년 알래스카를 미국에 매각(720만달러)
- 1861년 농노제도 폐지
- 1881년 '인민의 의지당'에 의해 피살


## 알렉산드르 3세(1881-1894)

- 전제정치 강화
- 국가를 우선시하는 국가주의 신봉
- 1891년 시베리아 횡단철도 건설 시작


## 니콜라이 2세(1894-1917)

- 러일전쟁(1904-1905)에서 패배
- 1905년 혁명(입헌군주제 채택): 1월 9일 상트페테르부르크 겨울궁전 앞에서 노동조건 개선을 호소하던 노동자들에게 경비대가 발포하여 수천 명의 사상자 발생(피의 일요일 사건), 전국 총파업, 노동자대표 소비에트 결성
- 1906년 볼세비키와 멘세비키가 참여하는 최초의 두마(duma) 구성, 표트르 스톨리핀의 총리 임명, 스톨리핀 개혁안 실패
- 1917년 3월 15일 퇴위
- 1918년 7월 16일 처형

## 소비에트연방 (1917-1991)

- 1917년 2월 혁명(부르주아혁명): 상트페테르부르크에서의 시위 확대, 노동자소비에트 구성, 로마노프왕조 폐위, 임시정부와 노동자소비에트의 이중권력 구성
- 1917년 10월 혁명(사회주의혁명): 레닌이 주도한 볼세비키 세력이 11월 7일(구력으로 10월 25일) 무혈혁명 단행, 임시정부 전복, 프롤레타리아혁명 성공

## 레닌(Vladimir I. Lenin, 1870-1924)

- 통치기간 1917-1924
- 1922년 내전에서 혁명세력인 적군이 승리, 소비에트사회주의공화국연방 성립

## 스탈린(Joseph V. Stalin, 1879-1953)

- 통치기간 1922-1953
- 트로츠키와 권력 투쟁에서 승리하고 대숙청 실시, 공포정치 시행
- 1939년 독-소 불가침 조약 체결
- 1941년 독일이 침공하자 2차 세계대전에 참전, 1945년 2차 세계대전에서 승전

## 흐루쇼프(Nikita S. Khrushchev, 1894-1971)

- 통치기간 1953-1964
- 스탈린 시대에 탄압받은 정치범 석방
- 1956년 헝가리 민중 봉기를 무력 진압
- 1962년 쿠바 미사일 위기 이후 실각

## 브레즈네프(Leonid I. Brezhnev, 1906-1982)

- 통치기간 1964-1982
- 1968년 체코의 '프라하의 봄'을 무력 진압
- 동유럽의 자유화운동과 탈소비에트 노선을 탄압

## 안드로포프(Yuriy V. Andropov, 1914-1984)

- 통치기간 1982-1984

## 체르넨코(Konstantin U. Chernenko, 1911-1985)

- 통치기간 1984-1985

## 고르바쵸프(Mikhail S. Gorbachev, 1931– )

- 통치기간 1985–1991
- 개혁(페레스트로이카)과 개방(글라스노스티) 정책 추진
- 1986년 체르노빌 원자력발전소 사고
- 1989년 동유럽 붕괴로 냉전시대 종식
- 1991년 8월 쿠데타로 실각

## 러시아연방 (1991– )

## 옐친(Boris N. Yel'tsin, 1931–2007)

- 통치기간 1991–1999
- 1–2대 러시아 대통령

## 푸틴(Bladimir B. Putin, 1952– )

- 통치기간 2000–2008
- 3–4대 러시아 대통령

## 메드베제프(Dmitrii Medvedev, 1965- )

- 통치기간 2008-2012
- 5대 러시아 대통령


## 푸틴(Bladimir B. Putin, 1952- )

- 통치기간 2012-
- 6대 러시아 대통령

부록

# 8. 한국과 러시아의 관계사

## 조선-러시아

| | |
|---|---|
| 1654 | 1차 나선정벌 |
| 1658 | 2차 나선정벌 |
| 1678 | 스파파리의 '시베리아 지도'에 한반도 등장 |
| 1860 | 러시아와 중국의 북경조약 체결로 조선과 러시아의 국경이 접하게 됨 |
| 1861 | 러시아 함대가 원산에 와서 통상 요구 |
| 1863 | 조선인 13가구 러시아 이주 시작 |
| 1874 | 푸칠로 '러한사전', 피얀코프 '한글철자책' 출간 |
| 1883 | 최초의 서양인 건축가 세레딘-사바틴 조선 입국 |
| 1884 | 조-러 통상조약 체결 |
| 1896 | 아관파천 |
| 1900 | 블라디보스톡 동양대학에 유럽 최초로 한국학과 개설 |

1901    이범진 주러특명전권공사 부임

1904    한-일 의정서로 조-러 간의 모든 조약 폐지

1905    Portsmouth 조약으로 러시아는 한반도에서 영향력
        상실

1909    러시아문학작품 국내 최초 번역
        (최남선이 '소년' 지에 톨스토이의 『사랑의 승전』 번
        역)

1910    한-일 보호조약 체결 후 러시아는 공사관을 철수하
        고 영사관 설치

1917    소비에트 연방 수립 후 영사관 철수

1918    국내 최초 러시아 번역 단행본 '해당화' 출간
        (톨스토이 『부활』)

1922    러시아 내전 종결과 함께 청진, 원산 등에 러시아 망
        명자 대거 입국

1930    블라디보스톡에 한국어 교사 양성을 위한 고려사범
        대학 설립

1937    9월-12월 고려인의 대규모 강제 이주

## 2차대전 이후 한-소 관계

1945.02    얄타회담(미국, 영국, 소련)에서 한반도 분단
           결정

1945.12    모스크바 3상회의에서 미국, 영국, 중국, 소련
           4국 외상은 최고 5년의 신탁통치를 결정

1946.01    미-소 공동위원회 예비회담 이후 2차에 걸쳐 미-소 공동위원회를 개최, 통일정부 수립을 논의하였으나 소련의 반대로 결렬
1948.10    소련, 북조선 임시인민위원회 승인
1970이후   한국과 소련 간 비공식 접촉과 교류 점진적으로 증가

## 한-소 관계 정상화

1989.12        한-소 양국 영사처 교환 합의
1989.04.03     주서울 소련 상공회의소 설치
1989.04.07     KOTRA 주모스크바 한국무역관 설치
1990.02        주모스크바 한국 영사처 개설
1990.03        주서울 러시아 영사처 개설
1991.08.07     주한 무역대표부 설치

## 한-소 수교

1990.09.30     한-소 외무장관 회담시 대사급 외교관계 수립
1990.10.30     주소 대한민국 대사관 개설 (공로명 초대 대사)
1990.12.07     주한 소련대사관 개설(소콜로프 초대 대사)

## 한–소 정상회담

1990.06.04     한–소 샌프란시스코 정상회담
1990.12.13     노태우 대통령 방소
1991.04.19     고르바쵸프 대통령 방한


## 한–러 관계 정립

1991.12.25     소연방 해체
1992.11        옐친대통령 방한, 한–러 기본관계조약 및
               3개 협정 체결
1994.06        김영삼 대통령 러시아 방문
1999.05        김대중 대통령 러시아 방문
2001.02        푸틴 대통령 방한
2004.09        노무현 대통령 방러
2005.05        노무현 대통령 러시아 승전기념일 행사로
               방러
2005.11        부산 APEC 정상회담에서 한–러 정상회담
2006.03        제 7 차 한–러 포럼 개최
2006.04        유명환 외교부 제1차관 방러, 김현종 통상교
               섭본부장 방러
2006.10        우주 기술 보호 협정
2008.09        메드베제프 러시아대통령과
               한–러 정상회담 개최

| | |
|---|---|
| 2008.09 | 단기복수비자 발급 간소화 협정<br>(2008.09.28 체결, 2010.01.09 발효) |
| 2009 | 러시아 연해주 우수리스크에 한인이주 140주년 기념관 개관 |
| 2009.12 | 한-러 해양생물자원의 불법, 비보고 및 비규제 어업 방지 협력 협정 |
| 2010.10 | 메드베제프 러시아대통령과 한-러 정상회담 개최 |
| 2010.11 | 한러대화(KRD) 포럼 개최<br>(2010.11.08-11.11) |
| 2011.10 | 한러대화(KRD) 포럼 개최<br>(2011.10.31-11.01) |
| 2012.09 | 푸틴 러시아대통령과 한-러 정상회담 개최 |

# 9. 러시아 여행가이드

## 출입국 신고

러시아에 도착하기 전에 기내에서 승무원들이 배포하는 출입국 신고서를 작성한다. 출입국신고서는 두 부분으로 구성되어 있으며, 왼쪽은 입국신고서이고, 오른쪽은 출국신고서이다. 작성한 출입국신고서를 입국심사할 때 입국심사대에 제출한다. 입국심사가 끝나면 출입국신고서에서 출국신고서 부분을 돌려준다. 수령한 출국신고서는 분실하지 않도록 잘 보관하여 출국할 때 제출해야 한다.

## 세관신고

러시아에 입국할 때 세관신고를 해야 한다. 세관 통과는 두 가지, 즉 세관신고가 필요 없는 경우와 세관신고가 필요한 경우로 나뉜다. 세관신고가 필요 없는 경우는 그린라인을 통과하고, 필요한 경우는 레드라인을 통과해야 한다.

러시아는 외화 반출을 엄격히 규제하고 있다. 따라서 미화 $3,000이상 외화를 소지하고 입국할 때는 세관신고서에 기재하여 제출하여야 한다. 입국할 때 제출한 세관신고서상 외화 신고액보다 출국할 때 외화 보유액이 많을 경우 외화관리법상 형사 처벌과 외환 압수 등의 불이익을 받으므로 특히 유의하여야 한다.

## 거주등록

러시아에는 거주지 등록제도가 있다. 유학이나 사업 등 상주를 목적으로 러시아에 입국한 경우는 물론, 단순 여행지로서 러시아에 도착하였다 할지라도 반드시 거주등록을 해야 한다. 외국인 관광객 및 외국인 해외 거주자 모두에게 해당하는 제도이다. 2011년 3월 25일 개정된 러시아 거주지 등록법에 따라 규정이 완화되었다. 기존에는 입국일 또는 이동일로부터 3일 이내 거주등록을 해야했지만 개정안에 따르면 8일 이상 체류 또는 다른 지역으로 이동하는 경우 입국일 또는 이동일로부터 7일 이내 거주등록을 해야 한다. 한 장소에 7일 미만을 머문 후 다른 곳으로 이동하는 여행의 경우 거주등록을 할 필요가 없다.

그러나 경찰이 검문할 때는 한 도시에서 7일 이상 머물지 않았다는 것을 증명해야 한다. 그러므로 사용한 비행기표, 배표,

열차표 등을 버리지 말고 소지하고 있다가 경찰이 거주지등록 문제를 제기할 때 증빙자료로 제시해야 한다.

일반적으로 호텔에 투숙할 경우 거주등록은 호텔에서 처음 체크인할 때 투숙하는 기간만큼 해준다. 거주등록은 1시간 이상 소요되며 호텔에 여권을 맡겨야 한다. 호텔이외의 곳에서 숙박을 하는 경우는 반드시 해당 초청기관을 통해 거주등록을 해야 한다. 거주등록이 완료되면 여권과 거주등록 확인증을 준다. 거주등록을 마친 후 외출할 때 여권을 반드시 소지하여야 한다. 경찰이 검사를 할 경우 여권을 제시해야 한다. 경찰이 불시검문을 할 때 확인하는 것이 여권과 거주등록증이다.

## 비자

외교관여권과 관용여권 소지자는 무비자이지만, 일반여권 소지자는 비자를 발급받아야 한다.

※ 대한민국 정부와 러시아 연방 정부가 한국-러시아 상호 관광, 상용, 통과비자 면제조약을 체결하여 의회에서 비준을 받게 될 경우, 2013년 9월부터 시행을 추진 중에 있음

## 교통(항공, 철도, 택시, 버스 등)

### • 항공

면적이 넓기 때문에 도시 간을 직접 연결하는 직항편 보다는 주요 도시를 경유하는 노선이 발달해 있다. 노선이 다양하므로 이용에는 편리하며, 한밤중에도 시간에 관계없이 운항되므로 여행 일정별 항공편을 확실히 알아보아야 한다.

### • 전차, 버스, 트롤리버스

전차, 버스, 트롤리버스는 시내 중심 보다 도시 전체를 연결하는 노선이 많다. 티켓을 차내에 있는 펀치에 넣었다가 빼면 구멍이 뚫리는데, 유럽 다른 나라들과 마찬가지로 표 검사는 불시에 하므로 무임승차를 하다 걸리면 과태료를 내야 한다. 티켓은 거리에 있는 키오스크(가판대)에서 10개로 묶여 있는 회수권을 사서 이용하거나 운전사에게 직접 구입할 수도 있다. 오전 5시부터 자정까지 운행된다.

### • 기차

러시아 철도는, 시베리아 횡단철도가 전 세계적으로 잘 알려 있듯이, 총 14만km에 이른다. 이는 세계 철도 거리의 1%이상을 차지하는 것으로 세계 최대의 철도왕국이라 할 만하다. 열차의 종류는 특급, 급행, 여객열차의 3가지가 있고, 클래스는 침대차(1,2,3등)와 좌석차(1,2,3등)로 분류된다. 요금은 차량의 종류별로 정해져 있으며, 외국인은 내국인 요금의 약 2배를 지불해야 한다.

• 택시

95년 10월부터 택시와 승용차의 구분 없이 운행되고 있다. 구 소련 시절에 택시는 볼가라는 세단형으로 차량의 앞, 뒤, 옆에 조그만 체크무늬가 있었으나 러시아의 개방과 함께 택시 외의 일반 승용차도 택시영업을 하고 있으며, 요금은 흥정에 의해 결정된다. 호텔 앞에서 택시를 타거나 행선지를 호텔이라고 할 경우 요금은 다른 장소보다 30-40% 비싸게 요구한다.

## 통신(국제전화, 국내전화 등)

1) 한국에서 러시아로 국제전화걸기

통신사번호 + 러시아 번호(7) + 지역번호 + 전화번호

㉠ 한국에서 모스크바(95)의 123-4567로 전화하는 경우

통신사번호 - 7 - 495 - 123 - 4567

2) 러시아에서 한국으로 전화걸기

통신사번호 + 한국 번호(82) + 지역번호 + 전화번호

㉠ 러시아에서 서울(02)의 123-4567로 전화하는 경우

통신사번호 - 82 - 2 - 123 - 4567

## 의료체계(병원)

러시아의 의료 시설은 크게 연방병원, 공공 진료소, 사립 의료시설 3가지로 구분된다. 의료 부문은 기본적으로 무료 의료체계를 유지하고 있다. 그러나 소련 붕괴 후 의료 부문에 대한 투자 및 정부의 재정지원이 제대로 이루어지지 않아 공공의료 시설과 서비스 수준이 낮다. 사설 의료시설도 있으나 대도시에 국한되며 그 수도 매우 적다. 러시아는 소련 붕괴 후 서구의 의료보험제도가 도입되었고 의무 의료보험으로 가능한 서비스가 매우 제한적이다. 그래서 최근 러시아인의 의료관광이 증가하고 있다.

응급상황일 때 구급차를 호출(전화번호 03)하여 응급실에서 진료를 받으면 원칙적으로 무료진료이지만, 시설은 열악하고 규정과 무관하게 치료비 등을 요구하는 경우가 있다.

## 숙박(호텔 등)

호텔에 체크인할 때 여권을 제출해야 하며 외국인 체류등록을 위해 보통 3-4시간 후 또는 다음날 아침에 여권을 돌려받을 수 있고, 호텔을 떠날 때 반드시 여권을 돌려받아야 한다. 러시아 호텔은 시설에 비해 숙박비는 비싸다. 최근 다국적 호텔기업들이 진출하고 있으나 여행객이 주로 사용하는 중저가 숙박시설은 매우 부족하다. 유스호스텔은 1일 숙박비가 16-70달러 정도이다. 롯데가 2010년 9월 모스크바 시내 중심가

인 아르바트 거리에 304개의 객실을 갖춘 6성급 특급호텔을
개장해 운영 중이다. 한국인이 운영하는 민박도 있다.


## 공관주소 및 연락처

- 모스크바 대사관
  - 주소 : St. Plyushchikha 56 bldg 1, Moscow
    Embassy of the Republic of Korea P/B 18, Moscow
    119121
  - 대표전화 : (7-495)783-2727
  - 야간휴일 비상전화 : (7-495)778-0780
  - FAX : (7-495)783-2777, (7-495)783-2797
  - 대표 E-Mail : embru@mofat.go.kr

  주 블라디보스톡 총영사관
  - 주소 : Pologaya St. 19, 690091, Vladivostok, Russia
  - Tel : (7-4232) 40-2222, 2775, 2779
  - Fax : (7-4232) 40-1451


- 주 상트페테르부르그 총영사관
  - 주소 : Consulate General of the Republic of Korea
    St. Nekrasova 32-a, Saint-Petersburg, Russia
  - Tel : (7-812) 448-1909(민원실 448-1500)
  - Fax : (7-812) 448-9668(민원실 448-1501)

- 주 이르쿠츠크 총영사관
  - 주소 : 664055, 3rd. Floor, 44, Gegarin Boulevard, Irkustk Russia
  - Tel : (7-3952-250-301)
  - Fax : (7-3952-250-303)

- 주 유즈노사할린스크 출장소
  - 주소 : 283 Bm Lenin St., Yuzhno-Sakhalinsk, Russia
  - Tel : (7-4242-462-430)
  - Fax : (7-4242-462-432)

# 10. 주요 도시



## 모스크바

모스크바는 유럽에서 인구가 가장 많은 러시아 최대의 도시이자 수도이다. 1147년 유리 돌고루키가 도시를 건설한 이래 1712년 표트르 대제가 상트페테르부르크로 천도할 때까지 러시아의 수도였고, 1918년 레닌에 의해 다시 러시아의 수도가 되었다.

모스크바는 지리적으로 동유럽 평원의 중앙에 위치하고 있으며, 중앙과 동쪽 부분은 평평하고 낮은 지대로, 대부분은 모스크바강의 계곡과 그 지류이다. 도시 내에서 흐르는 모스크바 강은 모스크바 북서쪽에서 남동쪽으로 흘러 볼가 강과 합류해 카스피해로 흘러 들어간다. 유럽러시아 오카강 지류인 모스크바강 유역에 위치하고 있는 모스크바는 면적이 878.7km²나 되는 세계적인 대도시로, 러시아의 정치, 경제, 문화의 중심지이다. 모스크바에는 크레믈린, 붉은 광장, 성바실리 성당, 볼쇼이 극장 등이 있다. 기후는 대륙성기후이다. 1월 평균기온은 −11℃이고, 7월 평균기온은 19℃이다. 연평균 강수량은 586mm이다.

## 상트페테르부르크

상트페테르부르크는 1703년 표트르 대제가 네바 강의 하구에 세운 페트로파블로프스크 요새에서 비롯된 도시로, 러시아 제2의 도시이다. 처음에는 상트페테르부르크라고 했다가 1914년 페트로그라드로 개칭되었고, 1924년 레닌이 죽자 그의 이름을 기념하여 레닌그라드로 명명되었다. 1991년 소비에트가 해체된 이후 본래 이름인 상트페테르부르크로 개명되었다.

상트페테르부르크는 네바강 하구에 위치하고 있으며 수십 개의 수로가 있고 500여 개의 다리가 있다. 북위 60°의 고위도 위치하고 있지만 온화한 해양성 기후를 보여 남쪽에 위치하고 있는 모스크바보다도 기온이 높다. 1월 평균기온은 −7.6℃이고, 7월 평균기온은 18.4℃이다. 여름에는 백야 현상이 나타난다.

## 칼리닌그라드

칼리닌그라드는 발트해 연안에 있는 항구도시로 칼리닌그라드 주(북쪽은 리투아니아, 남쪽은 폴란드와 접경)의 주도이다.

1256년 건설된 이 도시는 튜튼기사단 및 프로이센 공국의 수도였으며, 동프로이센의 주도로서 쾨니히스베르크로 불렸다. 제 2차 세계대전 전까지는 독일 북동부의 중요 도시였지만, 제 2차 세계대전 이후 동프로이센 영토 중 일부가 소련의 영토가 되면서 1946년 소련의 지도자 미하일 칼리닌의 이름을 따서 칼리닌그라드로 개명되었다. 소련 붕괴 후 러시아 본토와 떨어진 고립된 지역이 되었다. 발트해에 접한 러시아의 유일한 부동항이자 해군기지이고, 산업, 어업, 상업의 중심지이다.

## 황금고리(Golden Ring)

모스크바를 중심으로 중세 러시아의 옛 모습이 그대로 남아 있는 옛 도시들인 자고르스크, 블라디미르, 페레슬라블-잘레스키, 로스토프-벨리키, 수즈달, 야로슬라블 등이 이에 속한다. 이 모양이 원형이라는 이유로 황금고리라 불린다. 이 도시들은 러시아의 역사와 러시아 정교회에서 문화 예술의 형성에 큰 역할을 했던 중요한 지역이다. 이 도시들에는 12세기부터 18세기까지 러시아의 독특한 건축 양식으로 건설된 크레믈린, 수도원, 대성당 등이 남아 있다.

## 소치

러시아 연방 남서부 크라스노다르 지구에 있는 휴양도시로 2014년 동계올림픽 개최지이다. 소치는 흑해 해안을 따라 뻗어 있으며, 카프카즈 산맥 본줄기의 서부기슭에 위치하고 있다. 1896년 옛 나바긴스코예 요새가 있었던 자리에 세워졌으며 1902년 휴양지로 개발되기 시작했다. 수많은 광천, 해안과 산의 아름다운 경치, 긴 해변, 온화한 날씨 등의 조건을 갖추고 있어 러시아 및 동유럽 휴양객들이 즐겨 찾는 대규모 휴양지이자 요양지가 되었다.

이곳이 리조트로 발전하게 된 이유는 바로 따뜻한 날씨와 깨끗한 공기 덕분이다. 다양한 해양 스포츠가 발달하였으며, 이곳 시민들은 매우 온화한 성품을 가지고 있다. 이곳 흑해에서 즐기는 여름을 두고 니스 해변과 비교하기도 한다. 이 도시에는 호텔, 관광 센터, 야영지 등이 많으며 50개가 넘는 요양소가 있다. 거리 및 공원들은 이국적인 분위기를 자아내는 아열대 나무와 관목들로 가득하다. 1961년에 새로 조성된 대(大)소치는 해안선을 따라 150㎞ 뻗어 있으며 곳곳에 휴양소들이 늘어서 있다. 또한 소치의 매력은 해변에만 있는 것이 아니다. 이곳은 도시 전체가 하나의 거대한 자연 공원으로 묘사될 만큼 다양한 나무와 식물들이 풍부하여 거대한 식물원과 자연공연 등을 방문할 수도 있고, 온천도 즐길 수 있다.

## 노브고로드

러시아 연방 북서부에 있는 노브고로드 주의 주도로서 상트페테르부르크 남쪽 약 98㎞에 위치하고 있다. 노브고로드는 러시아에서 가장 오래된 도시 가운데 하나로, 연대기에 처음

기록된 것은 859년이다. 이 도시는 발트 해, 비잔틴, 중앙아시아 및 유럽, 러시아의 모든 지역과 강을 따라 연결되므로, 동유럽에서 가장 큰 교역중심지로 번성했다. 러시아에서 한자 동맹 도시들과의 교역은 노브고로드 지역까지만 이루어졌으므로 한자 동맹과 교역량이 아주 많았다. 번영의 기반은 러시아 북부 삼림지대에서 획득되는 모피였는데, 그 삼림지대의 많은 지역이 노브고로드의 관할 하에 있었다. 제2차 세계대전 동안 크게 파괴되었으나 후에 역사적인 건물들이 많이 복구되었다. 이 도시에는 옛 교회들이 많은데 12세기의 성모성탄대성당과 상트게오르기우스 대성당, 14세기의 예수변모교회와 상트테오도루스트라틸라타 교회, 17세기의 즈나멘스키 대성당 등이 남아 있다.

## 카잔

카잔은 러시아 연방 서부 타타르스탄 공화국의 수도이고, 카잔키 강과 합류하는 볼가강 왼쪽 편에 위치하고 있다. 위치상 과거에 카잔은 러시아의 동쪽과 서쪽을 이어주는 상업 요충지였다. 카잔의 날씨는 대륙성 기후이고 겨울은 매우 춥고 여름은 크게 덥지 않다. 11세기 초에 볼가불가르인에 의해 건설되었으며 15세기에는 카잔 한국의 수도로서 번창했지만 1552년 이반 4세에게 점령되었다. 시베리아가 개발되면서 카잔은 교역도시로서 중요해졌으며, 18세기에는 공업도 발달해 1900년 경 카잔은 러시아에서 제조업의 중심지가 되었다. 러시아과학

아카데미의 지부와 음악학교, 그밖에 고등교육기관들이 있다. 타타르 오페라와 발레를 공연하는 극장, 타타르와 러시아 연극을 공연하는 극장, 음악협회, 유명한 타타르 박물관이 있다.

## 예카테린부르크

예카테린부르크는 우랄산맥의 동쪽, 토볼강의 지류인 미티디강 연안에 위치하고 있다. 이 도시는 1721년 초기 정착지에 세워진 요새와 야금공장에서 비롯되었다. 1918년 니콜라이 2세와 그의 가족이 볼세비키에 의해 이곳에 유폐되어 살해되었다. 지명은 예카테리나 1세를 기념하여 예카테린부르크라 불렸으나 1924년에 공산혁명가 스베르들롭을 기념하여 스베르들롭스크로 바뀌었다가 1991년 9월 소련이 해체되면서 다시 예카테린부르크가 되었다. 이 도시에는 러시아 과학아카데미의 우랄 지부 등 많은 연구기관과 교육기관이 있으며 지질박물관 등이 있다.

## 이르쿠츠크

이르쿠츠크는 바이칼호의 서쪽, 앙가라강과 이르쿠트강이 합류하는 곳에 위치하고 있는 이르쿠츠크주의 수도로, 동(東)시베리아에서 행정, 경제, 문화의 중심 도시이다. 이 도시는 1652년 코자크 기병대가 이 지역을 점령한 뒤 모피의 집산지로 건설되었다. 몽골, 중국과 가까운 교통의 요지였던 만큼

1803년부터는 시베리아 총독부가, 1822년부터는 동시베리아 총독부가 위치했다. 제정 러시아시대인 18세기 초부터 정치범의 유형지였다.

이르쿠츠크는 시베리아 문화의 보물창고로 불린다. 스파스카야 교회나 보고야부렌스키 교회, 포루스키강당과 오우로프코쿠 극장 등 많은 유적지가 있다.

## 야쿠츠크

러시아 사하 공화국의 수도로 레나강변에 위치하고 있다. 1632년에 건설된 요새가 이 도시의 기원이다. 북동연방대학교 등의 고등교육기관과 러시아 과학아카데미 지부가 있다. 세계에서 가장 추운 도시로 알려져 있으며 1년에 210일 정도는 결빙되어 있고, 1월 평균기온은 -43℃이다.

## 블라디보스톡

블라디보스톡은 '동방을 지배하라'는 의미를 갖고 있는 태평양 연안의 최대 항구도시이자 러시아 극동함대의 사령부가 있는 해군기지이다. 1856년 러시아인이 발견하였으며, 그 후 항구와 도시의 건설이 시작되었다. 1890년대부터는 무역항으로서 크게 발전하였으며, 1903년 시베리아 철도가 완전히 개통됨으로써 모스크바와도 철도로 연결되었다. 블라디보스톡항은 해군기지일 뿐만 아니라 무역항의 기능도 가지고 있었으나, 현재는 시의 동쪽 약 90km 지점에 신설된 나호트카항으로 무역항의 기능이 옮겨졌다. 겨울철에는 항구 안이 다소 결빙하지만, 쇄빙선을 사용함으로써 1년 내내 활동이 중단되지 않는다. 1월 평균기온은 −13.7℃이고 8월 평균기온은 20.2℃이다. 강수량은 연평균 722mm이다.

## 하바롭스크

하바롭스크는 러시아연방 하바롭스크주의 행정 중심 도시이자 극동 지방의 최대 도시로서, 우수리강과의 합류점에 가까운 아무르강 중류 우측에 있다. 17세기 중엽 러시아 탐험가 하바로프의 이름을 따서 명명되었고, 현대적인 도시는 1858년에 군사전초기지로 건설되었으나, 시베리아 횡단철도 부설과 함께 급속히 발전하였다. 시베리아 횡단철도가 아무르 강을 가로지르는 길목에 있는 요충지로서 한때는 베링 해협까지 이르는 극동지방 전역을 관할하기도 했다. 하바롭스크는 러시아 극동지방에서 두 번째로 큰 도시이다. 인구 70만명의 하바롭스크는 시베리아 횡단철도가 지나는 하바롭스크 지역의 경제, 교통, 행정, 문화 중심지이다. 겨울에는 시베리아로부터 매우 차갑고 건조한 바람이 불어오고, 여름에는 태평양으로부터 구름이 몰려와 비가 많이 내린다. 극동과 연해주의 역사, 풍속, 그리고 고대 원주민의 생활용품 등이 전시되어 있는 향토박물관과 극동지역에서의 전투자료가 소장되어 있는 박물관이 있다. 기후는 냉대기후이고, 1월 평균기온은 −22℃이고 7월 평균기온은 18-22℃이다. 강수량은 연평균 700mm이다.

## 노보시비르스크

노보시비르스크는 시베리아에서 가장 큰 도시이고, 모스크바, 상트페테르부르크에 이어 러시아 제 3의 도시로 급속도로 발전하고 있는 도시이다. 공식적으로 이 도시는 1893년 오브 강을 지나는 철교와 시베리아 횡단철도의 건설이 시작되었던 시기부터 건설되었지만 20세기가 되어서야 도시로서의 모습을 갖추게 되었다. 1925년까지는 노보니콜라예스크라고 불리었으나 그 후 노보시비르스크로 도시 이름이 바뀌었다. 노보시비르스크는 시베리아 횡단철도의 주요 역으로 철도, 항공, 육상 교통의 중심지이다.

이곳은 문화 측면에서도 중심 도시로 6개의 극장과 오케스트라 악단, 유명한 음악 학교 등이 있다. 도시의 명물인 노보시비르스크 오페라 하우스는 그것 자체로 가치가 있는 문화유산이며 세계적으로 유명한 발레와 오페라단이 있다. 이 도시에는 증기기관차, 짜르가 사용하던 전용차량 등이 있는 철도박물관과 노보시비르스크 식물원 등이 있다.

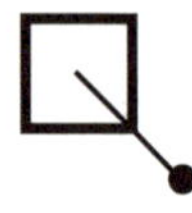

# 11. 사진 출처

## 1장. 민족적 기질과 사상

1. www.whrc.org/russia/index.htm
2. http://www.tanais.info/art/pic/vasnetsov30.html
3. http://serafim.com.ru/site/nstr_101.html
4. http://gallery-allart.do.am/publ/interesnoe/istoriya_kartin/
   vasilij_ivanovich_surikov_quot_bojarynja_morozova_quot/
   1-1-0-78
5. http://slavanthro.mybb3.ru/viewtopic.php?p=6388
6. http://www.optina.ru/pub/p33/
7. http://www.manmin.or.kr/KOREAN/06_news/content.
   asp?id=1756&cat=mf
8. http://feb-web.ru/feb/litnas/texts/l56/l56-0004.htm
9. http://alliruk.livejournal.com/117077.html
10. http://hdfilmnova.ru/skachat_filmy-dramy/591-taras-bulba-
    2-aprelya-2009-bdrip-bd-remux.html
11. http://panslavist.ru/2011/04/history_panslavizm/

## 2장. 일상생활

1. http://kirgiz.photographer.ru/nonstop/picture.htm?id=591960
2. http://www.mk.ru/social/article/2011/02/14/565617-moskvichey-pozhenit-kompyuter.html
3. http://www.museum.ru/alb/image.asp?3034
4. http://vodolei-13.livejournal.com/245864.html
5. http://niklife.com.ua/showplan/28945
6. http://www.tula.rodgor.ru/gazeta/756/fasenda/6154
7. http://www.buzuluk.bz/firm_image/smi/agenstva/121/upload/62081b6463963e136cad705fbd2825b3.jpg
8. http://rscleros.ru/forum/viewtopic.php?p=5187
9. http://gvozdey.net.ua/rus/89/1587.html
10. http://mirnovostey.net.ua/view/40398
11. http://ria.ru/education/20101006/282763110.html
12. http://forum.na-svyazi.ru/?showtopic=230486
13. http://www.museum.ru/alb/image.asp?6568
14. http://www.s-g-p.ru/ajax/?load=gallery&viewthread=Cyrillic+and+English
15. http://www.dentaluxe.tver.ru/news/2006/quality/banquet.jpg
16. http://www.dentaluxe.tver.ru/news/?y=2006&n=quality



부록

## 3장. 축제와 여가문화

1. blog.joinsmsn.com
2. segyewa.com
3. http://zhuk.ucoz.ru/publ/2
4. http://sch9.org/mozhet-prigodi…
5. http://blog.naver.com/iviolet91/140124855525
6. http://www.veru.ru/Maxim/blog/
7. http://blog.naver.com/kct0004/70141052467
8. www.segyewa.com
9. http://www.visitorline.ru/jour
10. http://38a.ru/art/view/20marsh
11. http://vokrugsveta-ru.com/pute…
12. http://www.awaytravel.ru/conte
13. blog.daum.net
14. http://kmail.su/category/remon
15. http://www.saunatorg.ru/news/5
16. http://pln-pskov.ru/obozreniya
17. http://rusfan.ru/posts/100091
18. http://school3.krimedu.com/ru/

## 4장. 예술문화

1. https://commons.wikimedia.org/wiki/File:Vladimirskaja_ikona_Bo%C5%BEiej_Materi.jpg?uselang=ru

2. http://commons.wikimedia.org/wiki/File:Angelsatmamre-trinity-rublev-1410.jpg?uselang=ru

3. http://ru-icons.ru/part14/1_1_117-1.htm

4. http://commons.wikimedia.org/wiki/File:Mice-burying-the-cat.jpg?uselang=ru

5. http://starina-rus.ru/kartinki/kp/109.php

6. http://commons.wikimedia.org/wiki/File:NesterovMV_NaRusi206x483GTG.jpg?uselang=ru

7. http://commons.wikimedia.org/wiki/File:%D0%9F%D1%80%D0%BE%D0%B2%D0%BE%D0%B4%D1%8B_%D0%BF%D0%BE%D0%BA%D0%BE%D0%B9%D0%BD%D0%B8%D0%BA%D0%B0.jpg?uselang=ru

8. http://commons.wikimedia.org/wiki/File:Ilya_Repin_Unexpected_visitors.jpg?uselang=ru

9. http://www.megabook.ru/DescriptionImage.asp?MID=438147&AID=655893

10. http://sing-sang-song.mmm-tasty.ru/entries/2550416

11. http://apchekhov.ru/books/item/f00/s00/z0000022/st027.shtml

12. http://azbyka.kz/stanislavskiy-konstantin-sergeevich

13. http://teatre.com.ua/portrait/vsevolod-mejerxold-otteatralnogo-balagana-kdrame-sudby/

## 5장. 대중문화


1. http://img1.liveinternet.ru/images/attach/c/3/76/31/76031841_18.jpg

2. http://army.lv/image_descr.php?id=21610&s=741&pid=191

3. http://rewalls.com/download/23420/1440x900

4. http://www.muzoo.ru/images/artist/maxi/145_4.jpg

5. http://bestin.ua/culture/film/2935/

6. http://www.photo-wallpapers.ru/foto.php?chapter=Kino&gallery=Nochnoiy_dozor&foto=Nochnoiy_dozor17

7. http://beetor.org/index.php?page=torrent-details&id=91f10752e0ee3fd994f2cc66316a9f9428a9d95c

8. http://blog.kp.ru/users/algor42/post191467359/

# 12. 참고문헌


강윤희 · 이문영 · 최아영 · 황동하. 『러시아학 입문』. 인간사랑. 2006.

강흥주. 「러시아의 음식과 주거문화」. 『슬라브研究』. 14권. 1998.

고골, 니콜라이. 『타라스 불바』. 조주관 옮김. 민음사. 2009.

김근식. 「러시아 음식문화의 형성」. 『Russia & Russian Federation』. 1권2호. 2010.

김기현. 「집권 2기. 푸틴. 봄날은 갔나」. 『주간동아』. 476호. 2005.03.15. pp.50-51.

김현택 · 라승도 · 문준일 · 박정호 · 이희원. 『붉은 광장의 아이스 링크 - 문화로 읽는 오늘의 러시아』. 한국외국어대학교 출판부. 2007.

김현택. 「페레스트로이카 이후의 러시아 정교의 부활」. 『슬라브 연구』. 제12권1호. 1996.

김태연. 「도스또예프스끼의 『작가의 일기』에 나타난 민족주의 의식」. 『슬라브학보』. 제26권2호. 2011.

남혜현. 「탈소비에트 시기의 러시아 정부의 러시아어 확산 정
　　　책」. 『슬라브硏究』. 27권2호. 2011.
니콜라스 르제프스키. 『러시아 문화사 강의』. 최진석 외 옮김.
　　　그린비. 2011.
니콜라이 다닐렙스키, 『러시아와 유럽』. 이혜승 옮김. 지식을만
　　　드는지식. 2009.
도스토옙스키, 표도르. 『작가의 일기』. 이종진 옮김. 벽호. 1995.
『러시아 철학 I』. 제임스 이디 외 엮음. 정해창 옮김. 고려원.
　　　1992.
로스키, H. O. 『러시아인의 민족성』. 임흥수 옮김. 조선대학교
　　　출판사. 2004.
리처드 스타이츠 『러시아의 민중문화. 20세기 러시아의 문화와
　　　사회』. 김남섭 옮김. 한울. 2008.
문경태 · 이상은. 「러시아의 체제전환과 의료보장 개혁」. 『사회보
　　　장연구』. 26권1호. 2010.
석영중. 『러시아정교 ― 역사 · 신학 · 예술』. 고려대학교 출판부.
　　　2005.
신동혁. 「스탈린 종교정책, 1943-1948:러시아정교문제위원회
　　　구성과 활동을 중심으로」. 『슬라브학보』. 제24권4호.
　　　2009.
올랜도 파이지스. 『러시아문화사』 채계병 옮김. 이카루스 미디
　　　어. 2005.
월리스, 로버트. 『라이프 인간세계사. 러시아』. (주)한국일보타
　　　임-라이프. 1986.
이길주 · 한종만 · 한남수. 『러시아. 상상할 수 없었던 아름다움
　　　과 예술의 나라』. 리수. 2003.

이덕형. 『러시아 문화예술의 천년』. 생각의 나무. 2009.

이덕형. 『빛의 도시 상트페테르부르크』. 책세상. 2002.

이인영. 『아바쿰』. 서울대학교출판부. 1991.

이인호. 『러시아지성사연구』. 지식산업사. 1994.

이진숙. 『러시아 미술사』. 민음인. 2007.

정세진. 「러시아정교의 민족주의에 관한 소고 – 모스크바 제3로 마이론, 러시아정교와 이슬람의 관계를 중심으로」. 『노 어노문학』. 제21권4호. 2009.

조정남. 『러시아민족주의 연구』. 고려대학교출판부. 1996.

조주관. 「19세기 러시아 작가들의 몸 기호학」. 『러시아연구』. 17 권1호. 2007.

추석훈. 「러시아 영혼의 쉼터, 바냐」. 『Russia · CIS Focus』. 제84호. 한국외국어대학교 러시아연구소. 2010.

Anna Pavlovskaya. *Culture Shock! A Survival Guide to Customs and Etiquette*. NY. Marshall Cavendish Editions. 2007.

Belinskii V. G. "Pis'mo k N. V. Gogoliu" V. G. *Belinskii. Isbrannye stat'i*. M.: Sovetskaia Possiia. 1979.

Chaadaev P. *Filisofskie pis'ma. Kasan'*. 1906.

*Choi FOREVER*. SPbG. 2009.

Losskii N. O. *Kharakter russkogo naroda*. Kn. 1,2. Posev. 1957.

Losskii N. O. *Istoriia russkogoi filosofii*. M.: Sovetskii pisatel'. 1991.

Solov'ev V. S. *Russkaia ideia.* Sochinenii v dvukh tomakh. T. 2. M.: Pravda. 1989.

Trochkii A.K. *Rock v Sauz'e.* M. 1991.

Yale Richmond. *From Nyet to Da. Understanding the New Russia.* Boston. Nicholas Brealey Publishing. 2009.

http://blog.naver.com/m_invest/120161831269

http://blog.naver.com/wogus8844/100153158797

http://www.buyrussia21.co.kr/

http://www.kinoman.net/

http://tsoy.spb.ru/